慧缘大师

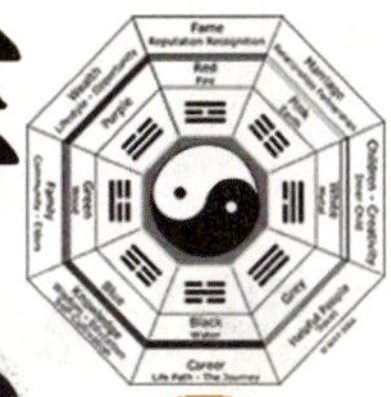

教你学风水

【下卷】

教你自己做大师

慧缘 著

江西人民出版社

目录

下卷：教你自己做大师

目录

第一章

慧缘开运风水学的居家运用

风水学在中国有着上千年的文化积淀和传承，积累了大量居家运用的知识。本章中，慧缘大师从16个角度结合现代生活实例，告诉读者如何合理运用这些风水知识和方法。

本章导航

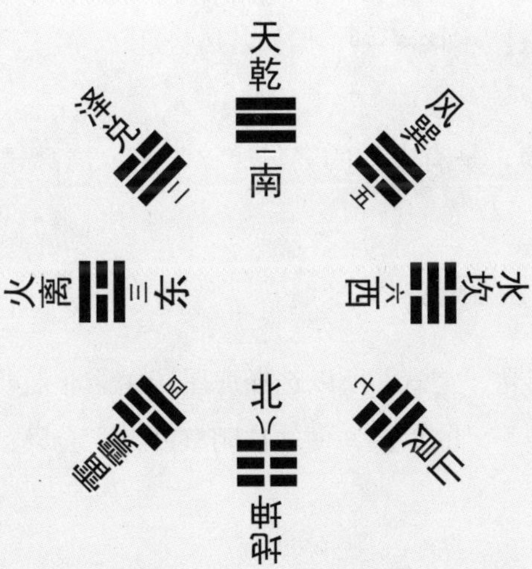

一、选择住宅的方法

中国人重感情，尤其依恋土地，注重归宿感，买房置地是中国人几千年的传统，所以房子对于中国人来说，就是命根子。

因此，华人不论身在何地，均以置业安居作为首要目标。既然用了这么多心血去买住宅，当然希望自己的物业非但可以住得舒适，而且亦希望住得财丁两旺。

很多人均希望挑得一所风水好的房子来居住，但却不知应该如何选择？现在便把选择好房屋的方法告诉读者，可以作为各位买楼时的参考。

1、风大不宜

各位在购楼时，应该先在房屋周围巡视一番，看看附近的环境是否有缺陷？

首先应该注意风势。倘若发觉房屋附近风大，十分急劲，那便不宜选购了，因为即使那房屋真的有旺气凝聚，也会被疾风吹散。

风水学是最重视“藏风聚气”，这表示风势强劲的地方肯定不会是旺地！

但要留意一点，风过大固然不妙，但倘若风势过缓，空气不大流通，那亦绝非所宜！

最理想的居住环境，是有柔和的轻风徐徐吹来，清风送爽，这才符合风水之道。

2、阳光充足

阳宅风水最讲究阳光、空气，所以选择房屋居住，非但要空气清爽，而且还要阳光充足。若是阳光不足的房屋，便往往阴气过重，会导致家宅不宁，实在不宜居住。

3、中心受污不宜

这是指房屋的中心部位不宜用作厕所，否则这便有如人的心脏堆积废物，那便自然是凶多吉少了。

阳光和气流条件很重要

倘若厕所并不是位于房屋中心，但却位于房屋后半部的中心，刚好与大门成一直线，那亦不宜选作居所；因这很可能导致破财损丁。

4、街巷直冲不宜

风水学是“喜回旋忌直冲”，因为直冲的来势急剧，倘若居所首当其冲，则为患甚大，不可不慎！

故此各位前往选楼时，不妨先在房屋周围看一番，看看房屋的前后左右是否有街巷直冲的情况出现。若房屋的大门正对直冲而来的马路，那条马路愈长便凶险愈大，车愈多则祸愈多，因此有人称之为“虎口屋”，表示难以在其中安居。

5、地势宜平

倘若房屋位于斜坡之上，那么在选购时便要特别小心视察周围环境，因为从风水角度来看，地势平坦的房屋较为平稳，而斜坡则颇多凶险。

房屋的大门对正一条甚为斜的山坡，那便不应选择作居所，因为不单家财泄漏，而且还会家人离散，一去不回。

一般来说，斜坡上的房屋易漏财，而斜坡下的房屋则容易损丁。房屋位于急冲而下的斜坡底，因煞气太急太劲，往往会导致人口伤亡。

6、街道反弓不宜

所谓街道“反弓”，是指房屋前面的街道弯曲，而弯角位直冲大门，风水学称之为“镰刀割腰”，这样的房屋不宜选购，避之则吉。

倘若门前街道反弓，《阳宅十书》中认为家中往往发生人口伤亡及失火、顽疾等事；而《八宅明镜》里也曾说：“街反出如弓背者，凶！”

反弓煞

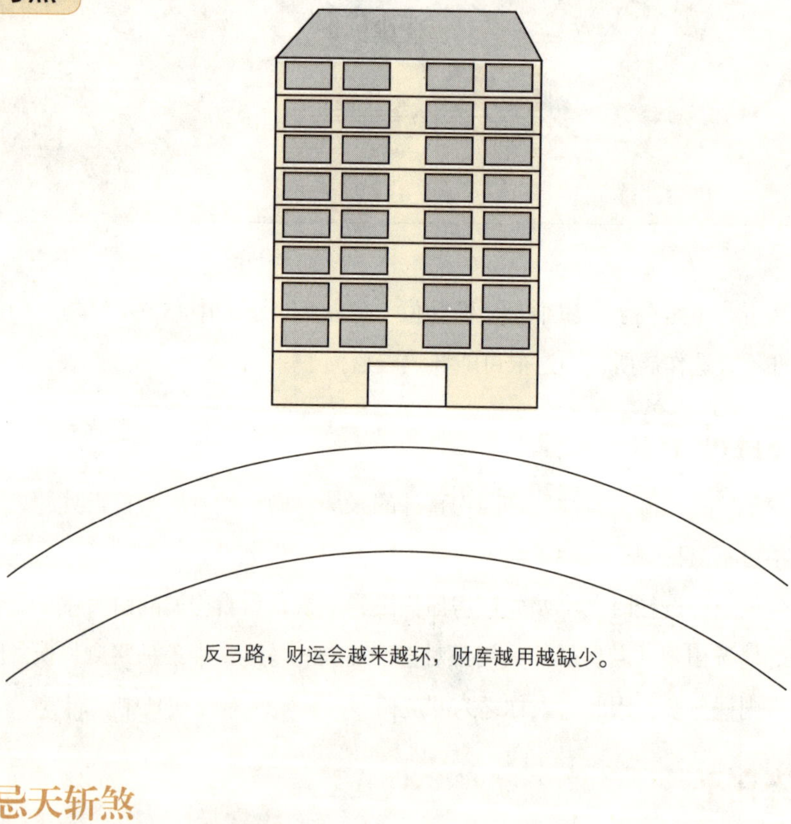

反弓路，财运会越来越坏，财库越用越缺少。

7、忌天斩煞

所谓“天斩煞”，是指两幢高楼大厦之间的一条狭窄空隙；因为仿如用刀从半空斩成两半，故此称为天斩煞。

倘若房屋面对“天斩煞”，很可能会有血光之灾。空隙愈窄长便愈凶，距离愈近便愈险！故此不宜选择面对天斩煞的房屋居住，但若是在其背后有另一建筑物填补空隙则不妨。

天斩煞

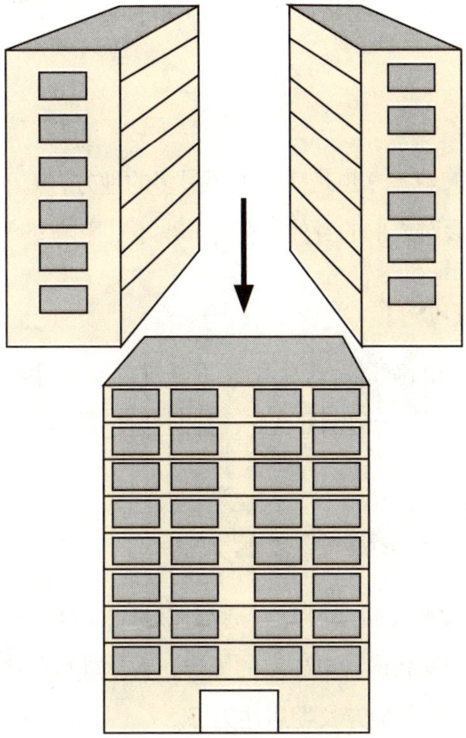

8、正对烟囱不宜

风水学古籍《阳宅撮要》有云："烟囱对床主难产。"由此可知烟囱对健康有损，所以如睡房窗外多烟囱，这些房屋不宜选作栖身的安居之所了。

撇开风水不谈，单从环境卫生来说，烟囱密集的地区均不宜居住，因为从烟囱喷出的煤烟火屑，便足以损害健康了。

9、衙前庙后不宜

这是指官府衙门（特别是警署及军营）的前面，以及寺院道观的后面，这些地方均不宜居住。原因是衙门杀气生，倘若住在它的前面，便会道当其冲，承受不起便会有人口死亡；寺庙是阴气凝聚之处，住得太近则并不适宜。

10、毗邻墓地不宜

住在墓地附近的人，一是会产生心理上的不安和恐惧，二是坟墓中尸骨的化学元素所产生的物理效应对人们的身体产生着不良的影响。因此，尽量不要在墓地附近选择住宅。

11、医院附近不宜

医院是病人聚集的地方，也是病毒细菌最多的地方，有的医院还有太平间，所有这些不好的因素都会对人们的身体和精神产生不良影响。

12、化工厂附近不宜

某些化工厂排放出的有毒有害化学元素或难闻的气体会产生对人体非常不好的影响。有的还会给人体造成基因改变，甚至会使人患癌症、白血病、婴幼儿畸形等等。

13、高压电塔和微波发射塔旁不宜

由于高压电线和微波发射塔时时刻刻都在对周围的空间发射着大能量的电磁波，人们如果长时间的受到这种电磁波的影响，人体就可能产生病理变化。因此，慧缘我建议人们不要在这些地方长期居住为好。

14、选择楼层应五行相合

从风水学实践中体会到，一座大厦的外在环境、山形道路吉者，这座大厦内的居住者通常都会吉祥如意，健康顺利。

但是，在同一大厦、同一座楼层，大家的贫富也会有差距。人们或者会问：为何有这种情形出现？这便是风水理气派中的问题，命相与层数之五行不合，更主要的是磁场信息对人体产生的影响不同。

前些时候，深圳的马先生来找我：“慧缘大师，我打算买楼，但不知怎样选择才是好风水，可有简单方法教我选择楼层位置？”他问。

“首先看楼宇外在的环境，宜座后有靠、左右有楼宇、前宜空旷或有水池。另外，选择楼宇的哪一层，要配合自己的命，例如你的命适宜在一楼、十一楼等居住，则尽量买这些楼层数，你的命运不宜住八楼、十八楼等，便尽量不要选购这些层数。”我向马先生说。

“阳宅风水的峦头法，我在书报中阅读你撰写的文章，亦学得一二。至于什么命配什么层数，好像还未见你写过，可否现在教给我。”

“没有问题，现在便告诉你吧，一般的风水（命）是以卦象为主，称为命卦。但这个方法却不是用卦，而是用太岁的五行来配楼宇层数的五行。因为你没有理气的基础，现在便教你十天干及十二地支的运用方法。”我拿出笔及纸张，然后在纸上写了天干、地支：

天干：甲、乙、丙、丁、戊、已、庚、辛、壬、癸

地支：子、丑、寅、卯、辰、巳、午、未、申、酉、戌、亥

我把天干地支的含义简单给他讲了讲（本书上卷对天干地支及阴阳五行等传统文化已作详尽讲解）。接着我便开始告诉他有关的方法：

甲子年、丙子年、戊子年、庚子年、壬子年，这些年份的生肖是属鼠，在五行方面是属“水”的。

乙丑年、丁丑年、已丑年、辛丑年、癸丑年，这些年份的生肖是属牛，在五行方面是属“土”的。

甲寅年、丙寅年、戊寅年、庚寅年、壬寅年，这些年份的生肖是属虎，在五行方面是属“木”的。

乙卯年、丁卯年、已卯年、辛卯年、癸卯年，这些年份的生肖是属兔，在五行方面是属“木”的。

甲辰年、丙辰年、戊辰年、庚辰年、壬辰年，这些年份的生肖是属龙，在五行方面是属“土”的。

乙巳年、丁巳年、已巳年、辛巳年、癸巳年，这些年份的生肖是属蛇，在五行方面是属“火”的。

甲午年、丙午年、戊午年、庚午年、壬午年，这些年份的生肖是属马，在五行方面是属“火”的。

乙未年、丁未年、已未年、辛未年、癸未年，这些年份的生肖是属羊，在五行方面是属“土”的。

甲申年、丙申年、戊申年、庚申年、壬申年，这些年份的生肖是属猴，在五行方面是属“金”的。

乙酉年、丁酉年、己酉年、辛酉年、癸酉年，这些年份的生肖是属鸡，在五行方面是属“金”的。

甲戌年、丙戌年、戊戌年、庚戌年、壬戌年，这些年份的生肖是属狗，在五行方面是属“土”的。

乙亥年、丁亥年、己亥年、辛亥年、癸亥年，这些年份的生肖是属猪，在五行方面是属“水”的。

“说到这里你明白了吗？”我问。

“我明白了，简单的说，不同的生肖都会属于五行内其中之一种，对吗？”他答道。“对，刚才说的是主命的五行，现在开始讲解楼宇屋楼的五行。”

一楼及六楼属于北方，属水。故楼宇的第一层以及第六层属水。而尾数是一层或六层，亦是属水。如十一楼、二十一楼、三十一楼等等。

二楼及七楼属于南方，属火。故楼宇的第二层以及第七层属火。而尾数是二层或七层，亦是属火。如十二楼、二十二楼、三十二楼等等。

三楼及八楼属于东方，属木。故楼宇的第三层以及第八层属木。而尾数是三层或八层，亦是属木。如十三楼、二十三楼、三十三楼等等。

四楼及九楼属于西方，属金。故楼宇的第四层及第九层属金。而尾数是四层或九层，亦是属金。如十四楼、二十四楼、三十四楼等等。

五楼及十楼属于中央，属土。故楼宇的第五层及第十层属土。而尾数是五层或十层，亦是属土，如十五楼、二十五楼、三十五楼等等。

“说到这里你明白了吗？”马先生想了一会儿说：“明白了，每一层都有一种五行所属。”“对了，这些楼宇的五行，以居住人之命中五行，有相生作用、相助作用为吉。如果相反，有相克作用，则作不吉论。”

如果楼宇的层数五行生主命、助主命，吉论；克主命，作不吉论。而主命五行克层数五行，中等论。例如你是生肖猪，五行属水。居住在一楼及六楼，其水可助你主命水，吉论；居住在四楼及九楼其金生你主命水，吉论；居住在五楼及十楼，其土克你主命水，凶论；居住在三楼及八楼，其木泄你主命水，凶论；居住在二楼及七楼，其火被你主命水所克制，中等论。

我说完后，马先生又问：“你说得很详细，我已经明白。只是还有一个问题，你刚才说一般风水的‘命’以卦为主，但这个方法以太岁为主，却没有提到太岁的五行，只是提到出生年份生肖，不知怎样解释？”我笑了笑回答他：“自己出生那一年的生肖，便是太岁。例如在猴年出生，当年便是你的太岁，日后的虚龄十三岁、二十五岁等再逢猴年，便称犯太岁。”

“啊！我明白了，例如我自己的生肖属猪，那年便是我的太岁，日后再逢猪年，便称犯太岁。而猪年是属水，即是太岁也属水，而我选择楼宇宜选择属金水的层数。”

后来马先生所买的楼宇，是在二十九层（属金），因为他命卦属金。

这个主命配层数的方法，不能与命卦及纳音并用，因为每套方法，也有它一定的法则。

根据生肖五行选择宜居楼层

楼层	楼层五行	适宜宅主	宅主生肖
1层	属水	水、木命人	鼠、虎、兔、猪
2层	属火	火、土命人	牛、龙、蛇、马、羊、狗
3层	属木	木、火命人	虎、兔、蛇、马
4层	属金	金、水命人	鼠、猴、鸡、猪
5层	属土	土、金命人	牛、龙、羊、猴、鸡、狗
6层	属水	水、木命人	鼠、虎、兔、猪
7层	属火	火、土命人	牛、龙、蛇、马、羊、狗
8层	属木	木、火命人	虎、兔、蛇、马
9层	属金	金、水命人	鼠、猴、鸡、猪
10层	属土	土、金命人	牛、龙、羊、猴、鸡、狗
11层	属水	水、木命人	鼠、虎、兔、猪
12层	属火	火、土命人	牛、龙、蛇、马、羊、狗
13层	属木	木、火命人	虎、兔、蛇、马
14层	属金	金、水命人	鼠、猴、鸡、猪
15层	属土	土、金命人	牛、龙、羊、猴、鸡、狗

二、道路风水

在风水学中，道路对住宅风水影响极大，所以许多人士都非常重视这个问题。

风水学家将道路又称为虚水，道路的来往走向也像流水一样，对住宅产生着作用，甚至比真水的作用还要大得多。1995年，我应邀给香港一个大酒店看风水，头一天刚把这酒店的风水调整好，香港总商会李先生前来对我说："慧缘大师，请您帮我一个忙，可以吗？"我对他讲："凡是我可以做到的，没有问题。"李先生说："我在搬入现在居住的房屋之前，曾经找了一位风水师来看过风水，所有装修都照着他吩咐去做的。谁知搬入到今，只感事业渐渐败退，现怀疑屋里的风水有问题，麻烦你给看一看，看是否以前的那位大师没有全力去做，或者是做错了。"

我见他诚意邀请，便应承他。

当天与李先生去到他居住的那座大厦。发觉大厦在反弓路内。"这座大厦的风水不好，住在这里的住户，大半财运都不好。"我向李先生说。他说："这一点我也不太清楚，但据我所知，住这个楼的老板在近两年内，已有好几个人破产了。"

我与李先生乘电梯到11楼，沿着走廊到他的住宅。这时发觉走廊在李宅来看，也属于反弓路。

李先生开了大门，见到门楣挂着珠帘。"珠帘是那位风水大师叫我挂的。"他说。

我取出罗盘，站在屋的中间测得大门在东方。而门外是反弓路。"李先生，你的长子现年几岁？""28岁。""你所指的事业节节败退，原因是由你儿子而起。他的财运非常差，有破无聚，有出无入。"我向李先生说。"是，主要原因是长子要自己发展事业，连续在其他地方租了两个铺位来卖皮具。怎知开业至今，只有赔钱而没有赚过钱，我在幕后支持，也感到吃力。"

"原来风水是这样准，连屋内哪人破财也知道。"李先生说。

"李先生，其实，人的运气差时，往往会选择风水不利自己的地方来居住；但运气好的人，也自然捡了一些好风水的楼宇居住。而这间屋便是不利你的大儿子了。”

“你有什么方法可以补救吗？”李先生问道。

“你这大门在东方反弓，而以前那位风水师教你挂珠帘，便因这个原因。但是，只挂珠帘，力量还不足以抵挡。现在你这样做吧！在门口加一条门脚，最少要有三寸高。以门脚来分隔走廊与你屋内的相关之气，以避冲煞气，若有地方可以再加一屏风，则可完全化解。”

我替李先生选了一个吉时，他当天便嘱人动工改动。

约在五个月后，李先生来找我，邀共用晚餐，后来说出，原来他的大儿子做生意开始赚钱，而且连续几个月生意都很好，因此表示感谢。

由此案而知，路（走廊），对每个人的财运，确实有不小的影响。

现代阳宅，很多都不接近水，如江、海、湖、河等，故无真水。但大多接近马

反弓煞的化解方法

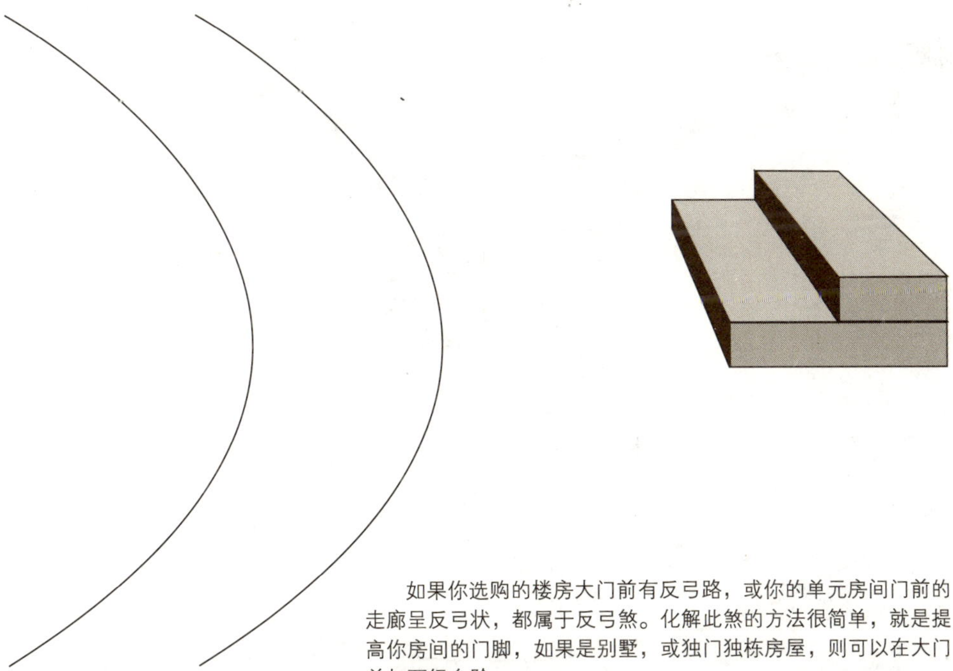

如果你选购的楼房大门前有反弓路，或你的单元房间门前的走廊呈反弓状，都属于反弓煞。化解此煞的方法很简单，就是提高你房间的门脚，如果是别墅，或独门独栋房屋，则可以在大门前加两级台阶。

路，即是虚水，亦可由此感受到不少正反方面的影响。

古人云："去水为死，来水为生。"因为真水的力量很大，而虚水的力量亦不小。一路虚水则是"去路为败，来路为生"。

一般反弓水（路）分两类，第一类是以整座大厦观之，适宜选择楼宇时取舍。第二类是以住宅单位观之，若拟选购楼宇者，见到反弓水"路"，应弃而不选；已居住者，依我教李先生的方法补救，亦不失为一个办法。

近有腰带路，财运会越来越好，财库越积越丰厚。

近有反弓路，财运会越来越坏，财库越用越缺少。

或许有人问，大厦门外有反弓路，但自己住宅门外的走廊却是"腰带"应该作何解释？

我认为应作吉论，大厦主要影响可看到反弓路的住客，容易破财，如果住宅前有腰带水环抱，则房主人最后可以得财，为先破后成格。

若相反，大厦门外有腰带路，而自己住宅门外有走廊，反弓则作不吉论。

屋外走廊的腰带路及反弓路有一半情形出现，名为半腰带或半反弓。其吉凶相较减半。

腰带路则有好财运

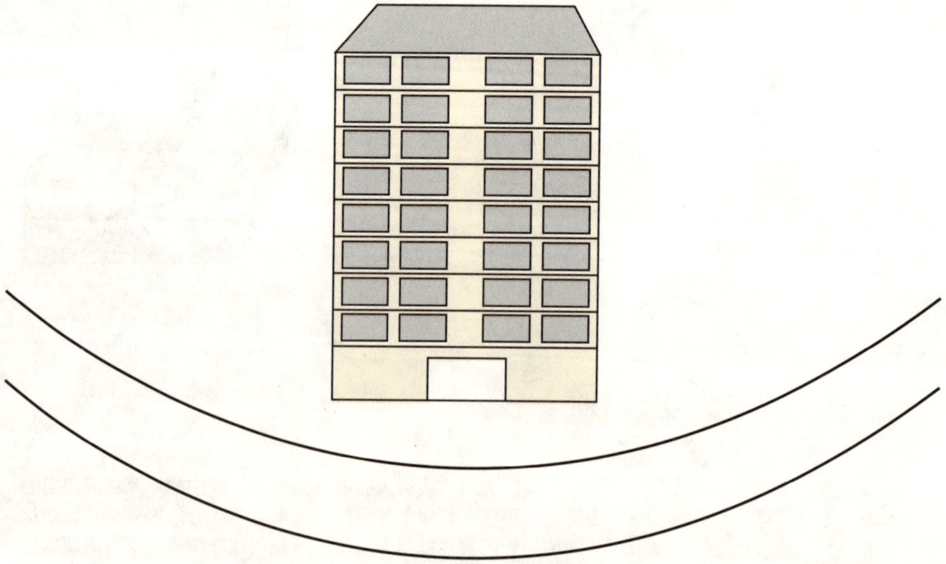

腰带路，财运会越来越好，财库越积越丰厚。

三、住宅房门风水

现代楼宇建筑，多依建筑师之心意而定，不像以前的建筑师，多少也有些风水根底。所以以前建筑的楼宇很多都将墙角修圆，以免其锐角对其他大厦造成不良的影响。

现代落成的大厦，有一种情况几乎是无可避免，便是每层楼，都有些住宅的门对着人家的门。

《八宅明镜》有云：“两门对面谓相骂门，主两家不和。”

而一般风水又称两门相对为“门冲煞”。

曾有一次，老潘问我：“面相中，女性左眼尾有痣，代表什么？”“女性左眼尾代表40岁，此部位主夫妻，有痣则夫妻不和，口角争执。”

隔了几天，老潘打电话给我：“我有位朋友希望你替他看一看，你何时有空？”

“星期六下午吧！”

我与老潘约定了时间。

周六下午，老潘便来找我，与我一起看他朋友的住宅。

“这位是杨太太。”走进屋内，老潘便介绍杨太太给我认识。

我刚站在门口时发现此宅犯了一个风水上的毛病。“杨太太，你的家人常常吵架，互不相让，是吧？”

“是啊！你是怎么知道的？”

“从这屋的风水显示出来的。”

说完后，我继续勘察其他的地方，巡至主人房，亦发现了问题。

由罗盘显示，主人房的门在坤位（西南方），这房间发生什么事，我已心中有数。

“杨太太，你常常与丈夫相骂，是会影响子女的，经常吵嘴之事本可避免，因为每次都是你把火点起来的。”

杨太太愕然，说：“你是从风水观察出来吗？”“当然”。

她好像怀疑，问："怎样看出来？"

"很简单，你先过来。"杨太太走过来站在我的身边，"你先看罗盘，中间的小铁针是指着南北两方，这一方是南，门在这里便是（西南门）。"

"是西南门又怎样？"杨太太问。

"在卦理方面，西南属坤卦，坤卦在人物方面，代表女主人，而坤卦西南犯煞，故主此宅女主人脾气非常暴躁，为了小小事情，也会吵闹。"

杨太太好像半明不白似的应声。

杨太太的房间是对厕所门的，而对厕所门，更会发生多一种事。

在风水学上，厕所素来为人类方便之所，污秽之气蕴藏，风水以污秽之气属阴，清洁之气属阳。房门对厕所门，房间受其阴气所影响，居此房间的人，身体健康会发生问题，通常会有暗病（暗者阴也），泌尿系统之病，如膀胱、前列腺问题等。

"杨太太，你房间的风水不利身体之泌尿系统，故容易患膀胱病。"

"对啊！我曾患上膀胱炎及尿道炎，未搬来之前是未得过的。"

"原本犯冲煞，要在房内放一屏风，用以挡煞，但你的房间狭窄，不能用此方法。可用其他方法调整；平时把厕所门关上，免其阴气渗入你的房间。"

杨太太听后央我替她择日，买一块屏风放在大门内。她不介意因放置屏风而影响房内的面积。又要我给她看看面相。

我自己则精于风水，面相方面却是因对其感兴趣而研究。

"杨太太，现年你多少岁？"

"足龄39岁。"

我见杨太太左眼尾有痣，便道："杨太太，你鱼尾位有痣，今年与先生有特别严重的争执。"

"这点潘先生已说过了，他说是你教他的，我觉得很灵验，故邀他请你为我看风水。"

"除此之外，今年要破些财，因为你眉散乱，眉为君、眼为臣，互相影响也！"

杨太太即答："我刚刚借了一笔钱给朋友，他太太生重病，需要金钱，我想这破财了。"

我离开后，过了一段时间，老潘走来找我："慧缘大师，杨太太托我向你说声多谢，她说依你所教的方法做了以后，家里已经平静下来了，不再日夜都吵架了。”

其实不用老潘说，我也知道杨太太的方法必会有效，因为是学理加经验累积来的。

犯门冲煞的四种类型

1、屋门对着别人的屋门。

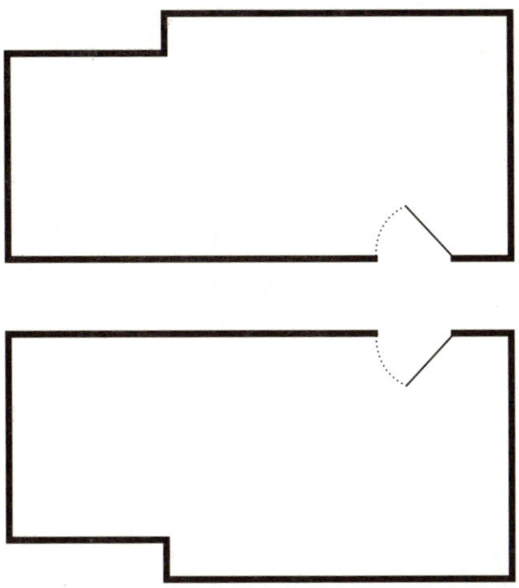

2、主卧门对着厕所门。

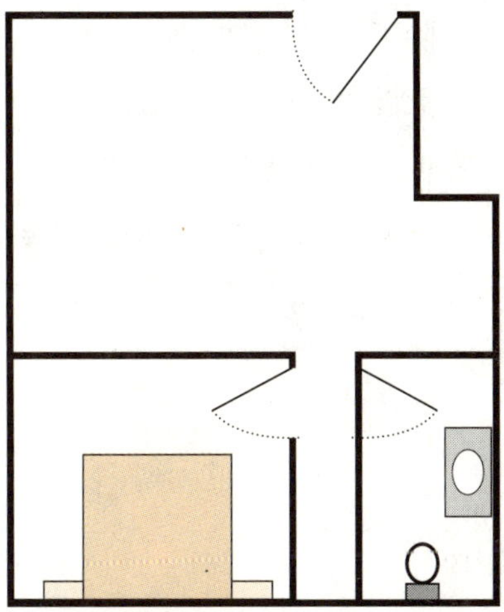

3、主卧门对厨房门。

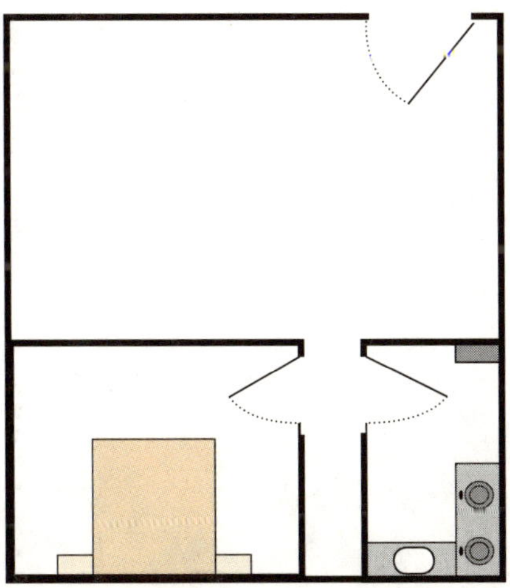

4、主卧门对房门。

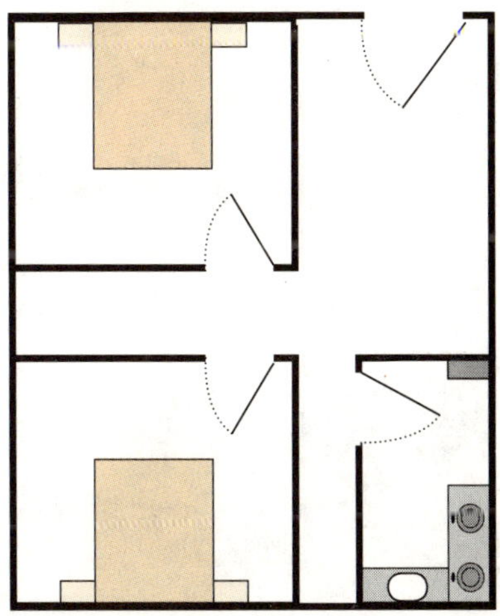

《阳宅大全》有云："何知人家灾害临，房门对了厨房门。"意指冲煞是厨房门所致的，会令房门内的人发生灾祸，如车祸，血光之灾。因为厨房为煮食之所，在风水学上为燥火盛旺之地。古云："孤阳不生，独阴不长。"燥火属孤阳。

至于化解方法，非常简单，理同房门冲厕所一样。

房门对厨房门的年期短者，不会发生灾祸，只代表于房内的人容易擦伤撞瘀。

至于房门对房门，只是其程度较轻微，虽然两间房间的居者，都容易与人争执，但此乃轻微之事，不会闹大。反而在工作方面，易招惹是非，与人相处不太融洽。

除了屋门对着对面门为犯"门冲煞"外，整座大厦也会犯此煞，不过，假如大厦与大厦之间隔着一条很阔的马路，就算两门相对，亦不属于犯"门冲煞"。

但是，两座大厦门口相对，而没有大而阔的马路相隔，便是两座大厦互犯冲煞。大厦内的住客，大部分都会招惹是非，争执，除非宅内实在格局良好，则作别论。

四、阳宅大门风水

《八宅明镜》曰："宅无吉凶，以门路为吉凶"。

其意义是衡量住宅的风水好坏，主要是受大门的影响最大。为何大门有如此的力量呢？《辩论三十篇》曰："阳宅首重大门者，以大门为气口也！"张宗道云："大门也，气口也。气口如人之口，气之口正，便于顺纳堂气，利人物出入。"

一般的房屋开门，为四类：

一、开南门（朱雀门），二、开左门（青龙门），三、开右门（白虎门），四、开北门（玄武门）。在风水学上，以门之前方为明堂，如果前方有平地、水池、停车场等等，以开中门至吉。而左方为青龙，一般风水师以青龙为吉位，故赞成开左方门。而右方属白虎，一般风水师以白虎为凶位，故反对在右方开门。

但这些理论，只是入门的初步，门开何方，应该配合"路的形势"为要。

《沈氏玄空学》云："阳宅以纳气为本，所以门路即是水路也！"其义亦是指出，路即是水。

现在进一步讲解，门宜开哪方？门忌开哪方？在《八宅明镜》曰："安宅大门，宜迎来水之吉地以立门。"

1、开朱雀门

前方有一水池或平地，即是有"明堂"。这样，门便适宜开在前方中间。

2、开青龙门

前方有街道或走廊，右方路长（来水）左方路短（去水），住房宜开左方门来收截地气。此法称为"青龙门收气"。

3、开白虎门

我曾经利用一个题目对学生考试："为什么门前之路，左长右短，应开右门，为何右长左短，应开左门？"很少学生能够答得出来。

其实是渗透作用、压力作用，强的多的必向弱的少的地方渗透，这是现代物理学知识。地之灵气亦是这样，地气从高的多的地方向低的地方走去（龙脉便是如此），门便是以收聚地气来为吉，送地气走为凶。

4、开玄武门

约半年前替北京的张先生看风水。未入门，已知他的财运不好。“张先生，你自搬入这里后，财运很差，对不？”

“对，为什么会这样呢？”

“你家门外的走廊，右长左短，应以左方开门为吉，此为‘青龙门收气法’，可惜你的住宅在右方开门。更巧的是，此宅开东（震）门，你曾说你是长子，震代表长子，故你的财运特别差。”

“可有方法解决这些风水缺陷？”张先生急切地问。

开门秘诀

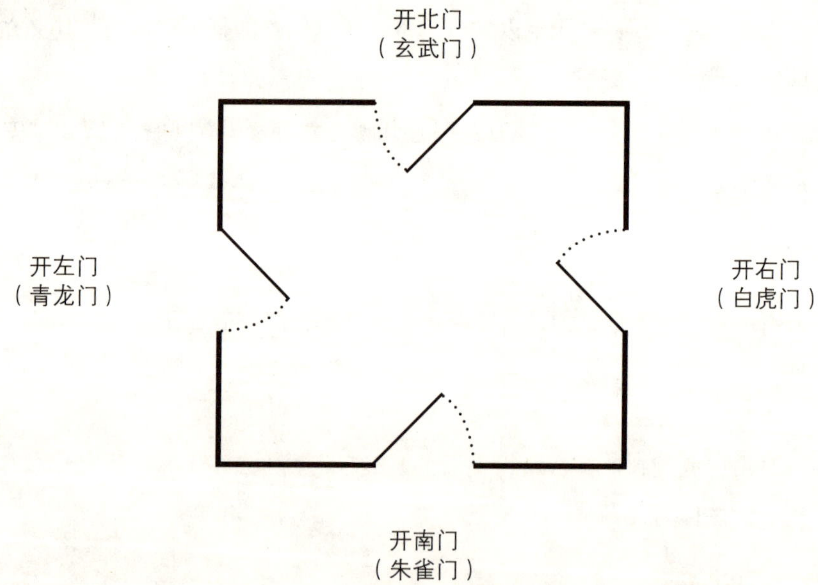

> 大门就是气口，气口如人的口，气口正，便于顺纳堂气，利人物出入 。在风水学上，以让之前方为明堂，如果前方有平地、水池、停车场等等，以开中门至吉。

“幸好你屋内的地方很大，这些风水缺陷，很容易便能解决。”我从包里拿出一枝颜色笔来，然后直划一条线，再说：“你依照这一条线放屏风，便能把门方位改变，由送水变为接水。”

“门开在这里，会不会旺第二个人？”

“现在由东门改为北门，北门收气，又属坎卦，坎即二子，会旺你的二弟较多，但是，基本上全家人的财运，都会比从前更佳。”张先生听了我这番话有少许不悦，可能是由于他请我看风水，令住屋的风水更好，但最大得益的是他弟弟而非他。

最后接到张先生的电话：“慧缘大师，多谢你的帮忙，现在我的财运很好，虽然我二弟比较从前赚了很多钱，但我亦不错。”

由张先生的事情，便能证实，风水好的住宅，对整家人都有利。只是风水比较旺那人的，他的运气会更好一些，但与屋内其他人的运气比较，不会相差太远。除非刚巧命与住宅完全不相配，则另当别论。

初学此法的朋友，我提议大家不要强记专用名词，只要明白其道理，悟其要旨，日后再研记其专用名词也不迟。

5、开门秘诀

一、气聚于前中门接（参开朱雀门），二、气从右来左门收（参开青龙门），三、气从左来右门收（参开白虎门）。

6、改变门位的方法

只要在门内加置屏风，则令门的方位改变，如张先生一例，但条件是屋内的面积比较大才能做到。本来还有一个方法改变门的风水而不浪费太多的面积，但其法较复杂，请参读有关章节。在此暂不多叙。

五、客厅风水

一般住宅一进门后，首先接触到的大概就是客厅或起居室。

现在一般客厅的主要设备大致有一组客桌或茶几、家用电器，其中除了沙发、客厅照明设备须独立处理外，在现代室内设计的观念里面，尽可能将柜子、壁柜、隔架以及电器类如DVD机、音响、电视机等组合音响作整体性、功能性的处理。一方面可以节省空间，一方面方便使用，同时整体效果较好。

现代室内设计里面，一个最大的特色，就是壁柜的多功用设计。在过去，由于顾虑搬动的方便，大多橱归橱，柜归柜，架归架，墙归墙，电视机归电视机。音响设备也是如此，各有独立的单元、独立的空间、独立的位置，因此平面空间必然会增多不必要的浪费。地面上的空间窄了，居住人的活动必然诸多不便。不但需有庞

客厅风水一

各区域功能清晰的客厅

大的平面面积来容纳必要的设备，相对的室内上半部的空间必然空虚。这是一个不科学而没有经济观念的做法。因此，现代设计采用多方面功用和机能的整体性设计，自然而然，壁柜的变化和组合就成为室内设计的主要单元。如此一来，在美感上一向使我们觉得僵硬而冷酷的墙壁也不再使我们伤脑筋了。当然，也不是说不很实用的精神性艺术品装饰就必须完全抛弃不用，因为不实用的艺术品装饰实在也是现代生活当中不可缺少的一种精神食粮。

就整个客厅而言，客厅室内设备的处理在空间上有两种处理方法，一种是平面空间的处理，以地板为放置面；一种是立体空间的处理方法，主要是壁面利用为要点。

因此，任何一处摆设法都会形成一种聚散通隔的作用，人的活动在家具当中的空位置里，也就有了位置和疏密之分。由于家具的隔离或相向以及功用的类聚、异同，每一种家具也有了非常精确的空间意义；如缓冲、界限、包围、集中、疏导，以及精确的功能意义；如坐、立、放置、照明等等，因此处理一个客厅室内设备就如处理一张画一样，何处该聚？何处该散？何处该闭？何处该隔？何处该通？何处

客厅风水二

简洁清爽的客厅

该明？何处该暗等等完全是一个空间上人类活动与家具间达到尽可能完美而不浪费，发挥最大功效的设计工作。

统观客厅全局，除了须讲究实用及美感上设计之外，还须注意全客厅的色彩及明暗，这种色彩明暗除了美感和个人的喜好之外，尚须配合住宅风格。分述如下供参考：

乾宅的客厅必须明亮，尽量采用大量的白色系统的色彩，则使居住人聪明秀气。若暗色调采用超过四面面积的一半则使居住人愚笨，更对男人不利。

兑宅的客厅应明亮适宜，但不宜过亮，即白色调不可采用超过总面积的四分之三或有三面临大窗，否则此家庭恐女人掌权，且怕有伤损丈夫或男人的潜伏危机。

艮宅的客厅不宜太宽阔，多采用白色、土黄色、咖啡色为好。

离宅的客厅不宜留太多的无用空间，否则容易招来火的灾害和官司诉讼。

坎宅的客厅应该采用宁静及冷清的色彩，不宜太鲜艳，否则对钱财不利。

坤宅的客厅设备宜多，家具宜用厚重材料，采用黄色或原木色彩系统，最忌讳狭窄。

巽宅的客厅宜浅宜宽，可多用绿色系统，多花木装饰最好。

中宫宅的客厅可自由设置，但必须用黄色系统来统一全室。

六、睡床方位风水

睡床是用来休息睡眠的地方，所以应该摆在与自己身体信息相配合的方位，才能睡得舒适安宁，睡醒后则感到精神好、身体好。这便是风水学讲求“床命相配”的原因。

1、本命吉凶法

风水学认为“东四命”应睡“东四床”，而“西四命”则应睡“西四床”。这样把“床”与“命”相互配合，则诸事大吉。若是“东四命”而睡“西四床”，或是“西四命”而睡“东四床”，这样“床”与“命”不配，便会凶多吉少，灾病连绵。

五行属水、木、火的人，均是“东四命”，睡床以摆在东、东南、南及北方为宜，因为这均是本命的吉方。

睡床是休息睡觉的地方，故以摆在本命的“伏位”较宜，因为“伏位”有静伏不动的意思，现在把各命的“伏位”列出如下：

“震木”命，睡床应该摆在东方的伏位。

“巽木”命，睡床应该摆在东南的伏位。

“离火”命，睡床应该摆在南方的伏位。

“坎水”命，睡床应该摆在北方的伏位。

谈过“东四命”和“东四床”，现在谈谈“西四命”和“西四床”。

五行属土、属金的人，均是“西四命”，睡床就要以摆在东北、西北、西南及西方为佳，因为这均是本命的吉方。

现在把“西四命”的各个“伏位”列出：

“坤土”命，睡床应该摆在西南的伏位。

“艮土”命，睡床应该摆在东北的伏位。

“乾金”命，睡床应该摆在西北的伏位。

“兑金”命，睡床应该摆在西方的伏位。

图解睡床方位风水

睡床是人们休息睡眠的地方，所以睡床的位置应该摆放在与自己身体信息相配合的吉利方位，才能睡得舒适、安宁，睡眠质量好，人的精神就会好。这就是风水学中所讲的“床命相配”的原理。

各命卦伏位

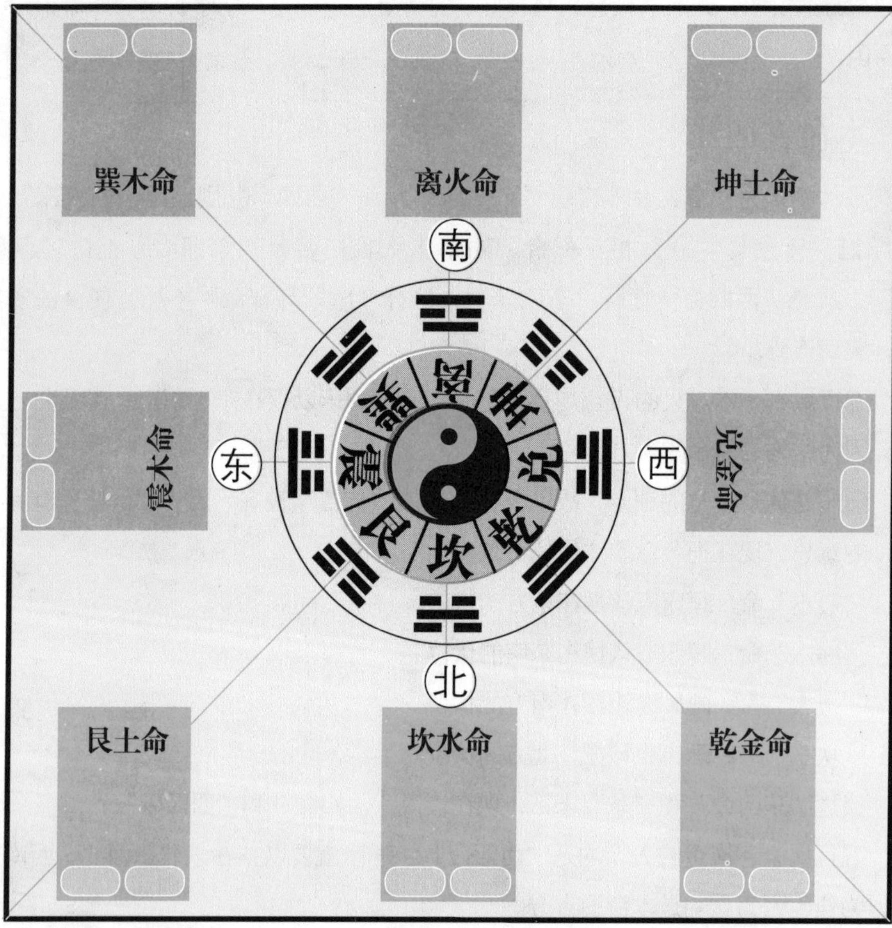

睡床是休息睡觉的地方，故以摆在本命的“伏位”较宜，因为“伏位”有静伏不动的意思。

但有些人则不同意睡床应该摆在“伏位”的说法，认为“伏位”只是第四吉星，可以说是第四个选择，所以并不太理想，应该是以“生气”为首选，“天医”及“延年”次之，再退而求其次，才会选择“伏位”。

这种说法也言之有理，所以现在便把八星按其吉位选择的次序列表如下：

四吉星	第一吉星:生气	第二吉星:天医	第三吉星:延年	第四吉星:伏位
四凶星	第一凶星:祸星	第二凶星:六煞	第三凶星:五鬼	第四凶星:绝命

以上的说法，是根据“本命的吉凶方”来摆床，但另有一派的说法，却是根据“睡床的旺衰生死图”来摆床的。

两派的说法大有出入，前一派重视睡床的方位，而后一派则重视“床向”，前一派的说法已经解说清楚，而后一派的说法在下面再详细分析。

2、睡床旺衰生死法

说到睡床的放置，一般往往把“头向”“面向”与“床向”混淆不清，以致凶吉颠倒，那便根本无从趋吉避凶了！

（1）头向

头向是指睡觉时头部所向的方位，要准确地量度头向，最妥当的办法，是有罗盘或指南针，在床头的正中来量度，那便万无一失了！但有一点注意，倘若床头是用金属品制成，那就要把罗盘或指南针移开一些来量度，以免床头的金属品影响了磁针的准确性。

（2）面向

面向是指正好与头向成了一百八十度的相反方向，头向是东则面向是西，而头向是西则面向是东。

其实，面向即是脚向，因为人在仰卧时，面部与脚必成一条直线，各位不能把头向与面向混为一谈。在风水学来说，并不讲究睡觉时的“面向”，因为人睡后，通常辗转反侧许多次，面部进而向上，时而向下，时而向着左侧，时而向着右侧，所以很难以睡觉的面向为准。总括来说，睡房的布置应以“头向”为主，头向吉方则吉，头向凶方则凶。

（3）睡床方位

“八宅派”对睡床的位置方位，有几种不同的说法，但主要以如下两种说法最为普遍，一是以本命吉方来摆床，一是以睡房的生旺衰死图来摆床。

本命吉方

首先来谈谈第一种说法，这种说法主张把睡床摆在本命的吉方，举例而言，“东四命”的睡床应该摆放在“东四方”，而“西四命”的睡床则应该摆在“西四方”。

因为这在前面的“床命相配”已有详细论述，故此不再重复。

现在谈谈第二种说法，这种说法主张根据睡房的生旺衰死图来摆床。

睡床吉方

方法是把一间房各个方位的气，分为生气、旺气、泄气、煞气及死气五种。在这五种气中，“生气”及“旺气”属吉，而“泄气”、“煞气”及“死气”则凶。

这派很注重床向，认为床最重要的是“坐吉向凶”，最不理想的是“坐凶向凶”。

现在把睡床“坐吉向吉”及以“坐凶向吉”的应验列出如下，以供参考之用。

正如上面所述，睡床摆设有两派不同的说法，一派主张根据“本命的吉凶方”来摆床，而另一派则主张根据“睡房的生旺衰死图”摆床。

我们只要把以上两种说法加以比较，便会发现有些矛盾，那么到底谁是谁非呢？这就是所谓的各师各法。

坐向吉凶法

坐吉向吉	
坐生向生	名传中外
坐生向旺	富贵双全
坐旺向生	先富先贵
坐旺向旺	财源广进

坐凶向吉	
坐煞向生	威震八方
坐煞迎旺	方方进贡
坐死向生	绝处逢生
坐死向旺	先贫后发
坐泄向生	先贱后贵
坐泄向旺	先破生兴

笔者认为，因为每个人的场态信息不同，因此床位的摆放也不相同，这里交给大家一个最好最捷径的方法就是，当睡床的主人感到某位摆放床后睡觉很轻松、很舒服，睡觉质量很高，那么这个床位可能就是最好的。

可能有些读者会有疑问，为什么特别注重睡觉时的头向呢？其实理由很简单，因为人是用头脑去思考的，而睡眠主要是让大脑获得休息，所以睡觉时以头向至为重要，至于脚向则可以说是无关紧要。

3、床头向西的问题

很多人均曾听过“床头不宜向西”这种说法，而且深信不疑，但在上面却提及“床头向西”，两种说法互有矛盾，到底谁是谁非呢?

因为许多人在布置新居均会遇到这类困扰，所以对此甚表关注，有见及此，特别在这里剖析其中原因。

“床头朝西”被一般人认为不吉利的原因，归纳起来，主要有如下三点：

一是极乐世界相传是在西方，所以往往以“归西”来形容一个人的逝世。因为如此，世俗便认为头部向着西睡觉不吉利，甚至意味着疾病和死亡。

二是日出东而落于西，西方是日暮所在，故此认为不宜向着这暮气沉沉的方位睡觉，否则便会对身体和事业有损，走下坡路。

三是夏日西斜的阳光最毒热、最猛，所以向西的睡房和睡床特别酷热，身处其中的人容易感染暑气而病倒，因此床头朝西是不太适宜的。

事实是否真是如此呢？这是见仁见智的问题，我认为以上三点原因有些牵强，尤其是第一二两点，可以说是“想当然”的附和而已。

至于第三点，我认为关键不是在乎床头是否向西，而是在乎床头是否受到西方斜阳光照射而已，倘若不受斜阳影响，那么床头向西便无问题了。

事实上，有很多人头部向着西方睡觉，不但没有什么不吉，而且其中有些还真是大吉大利呢。

4、床头禁忌

睡床的风水问题牵涉很多方面，除了在以上提到的睡床方面吉凶、睡觉头向吉凶之外，并且还要顾及睡床周围的环境，看看有没有参考睡床构成冲克。布置睡床时，有很多忌讳需要小心避免，以下四点较为值得注意：

床头不宜横梁压顶；床头不宜对正房门；床头不宜太接近窗户；床头不宜正对镜子。为了方便读者对这四点忌讳知所趋避，特加以说明，并且提供化解方法作为参考。

（1）床头不宜横梁压顶

风水学上有“横梁压顶”不吉利的说法，认为如果真有情况出现，便会对人的健康产生不良影响，应该尽量避免。因此在选择睡床的摆设位置时，应注意床头之上是否有横梁压顶。如果头部对正横梁之下，风水学认为对这个人的头部健康造成损害，例如头晕、头痛、失眠以及引起其他种种脑部疾病等等。

避的方法是把床头移过一些来避开横梁，这样就可化解。床头空出的位置可以用衣柜、书架或杂物来填补，这样即可以避免床闲露空，而且又可节省空间，一举两得。

倘若因为房间的面积太小或因其他原因而避不开，可采用遮的方法，用天花板把横梁遮掩起来，这一是“眼不见不妨”，借此减少心理压力，二是让天花板来承受横梁压顶之害。

床头不宜横梁压顶

倘若怀疑遮是自欺欺人，并无实效，因而放心不下，那只能改用双层床，上层放棉被，而人则睡在下层，这样便由上层床的棉被替人受压顶之害了。

（2）床头不宜对正房门

床头对正房门是不吉利的，因为这会导致一个人的健康及事业走下坡路；所以应该尽量避免。避免的方法有如下两种：

一是把睡床移开，避免头与房门成一直线，免除床头被外气直冲之害。

如果睡床不能移动，那么可以换另一头睡觉，亦是一变通可行的方法。这样床头就可以避免门外气直冲。

（3）床头不宜太接近窗户

床头太近窗口则不吉。撇开风水不谈，单以环境卫生而论床头亦不宜靠贴窗口的。

在晴天，从窗口透入的阳光会直射床头，而在雨天时，风雨又会从窗缝渗入，影响睡眠。一旦遇到刮大风或行雷闪电，床头贴近窗口便更加危险，因为会有被窗

床头不宜正对房门

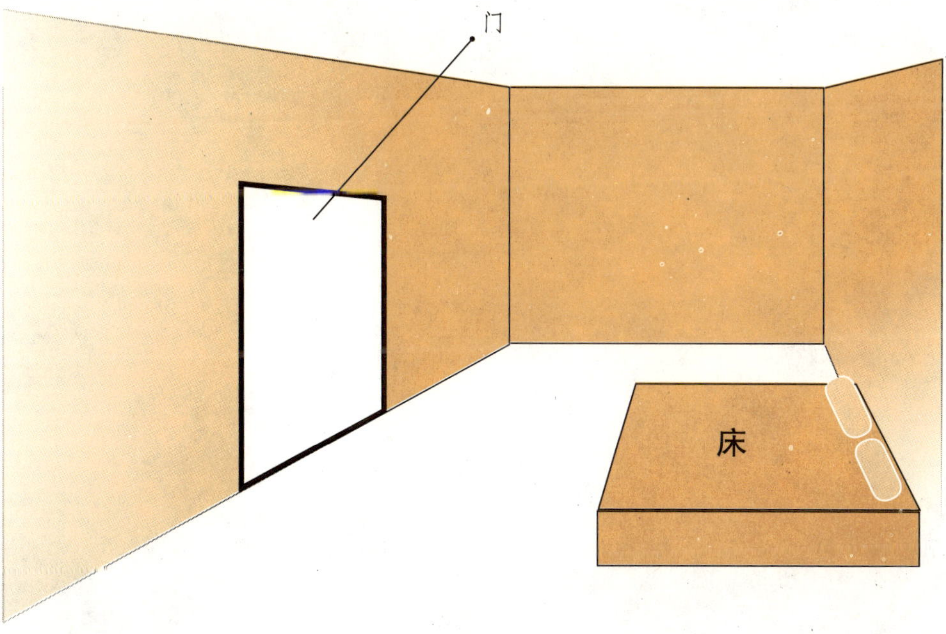

口跌落的玻璃弄伤。

因此，为了睡眠安宁及家居安全着想，应该尽量避免床头贴近窗口。

（4）床头不宜正对镜子

镜子是用来阻挡煞气的，作用是把直冲来的煞气反射回去，所以镜子不宜正对着床。床头正对镜子，往往会被自己在镜中的反映吓了一惊，有些人在房中摆了很多镜子，常常觉得鬼影幢幢，其实这只是镜子中影子晃动所引起的幻觉而已。床头不宜安装镜子，因为正对着床头触犯忌讳，往往会严重影响睡眠安宁，导致心悸失眠，精神涣散，甚至疾病缠身的。

睡房中不宜摆放太多镜子，最理想是在衣柜内边的门装镜，如此一来，平时看不到镜，但要穿着衣服及打扮时，打开柜门便有镜子可用。女士们为了化妆方便，往往需要在睡房中摆放有镜子的梳妆吧，其实这亦不妨的，只要小心镜子不要正对床头便可。

七、厨房风水

《阳宅三要》开宗明义，指出大门、主人房以及厨房的方位吉凶对一间房屋的风水具有决定性的影响力。所以门庭、主人房、厨房，称为“阳宅三要”。

门，乃出入之路。

主人房，乃主人居住之所。

厨房，乃饮食之处。

阳宅先看大门，次看主人房门及厨房灶位。就是说，大门、主人房和厨房灶位是阳宅三要，均是决定宅运吉凶的主要因素。但一般人却往往忽略了厨房对家宅风水的重要性。其实，厨房是煮食之处，若不注意，很可能“病从口入”，这便难保家人平安健康了。

《阳宅三要》认为“厨房灶位，乃养命之源，万物皆由饮食而得”，故此很重视厨灶。

厨灶既是如此重要，所以现在便谈谈厨灶的宜忌。

1、厨灶风水十二忌讳

（1）灶忌背宅反向

灶忌背宅反向：即灶口与房屋的坐向正好相反，例如房屋是坐南向北，而灶口坐北向南，则不吉。

（2）灶忌门路直冲

灶忌门路直冲：中国传统的风水观念中，认为厨灶是一家煮食养命之处，故此不宜太暴露，尤其是不适宜被门路所带引进来的外气直冲，否则家中便多损耗，这正如古书所谓：开门对灶，财畜多耗。

（3）忌厨门对灶

厨门对灶不好：厨灶不宜暴露，在大门外见灶，固然不吉，而在厨房门外见灶亦不宜。

（4）忌与厕所相对

忌与厕所相对：炉灶是一家煮食的地方，故此地应该讲究卫生，否则便会病从口入，损害身体健康，而厕所藏有很多污物及细菌，故此地不宜临近厕所，尤其炉口不可与坐厕所相对。

（5）忌与房门相对

忌与房门相对：厨灶是生火煮食的地方，甚为燥热，故此不宜与房门正对，否则便对房中的人不利，会有灾病吐血的情况发生。

（6）不宜贴近睡房

不宜贴近睡房：灶生火热，因煎炒时所产生的油烟对人体亦不适宜，故此炉灶向正房门固然不吉，尤其是贴近睡房的更不适宜。

（7）灶忌背后空旷

灶忌背后空旷：灶宜背后靠墙，不宜空旷，倘若背后是透明的玻璃亦不吉，因为这正如古书所云："凡灶，忌窗光射之，主凶。"

（8）忌安在水道上

忌安在水道上：炉灶属火，而水道乃是排水之物，水火不容，故此两者不宜太接近，倘若炉灶空放在水道上则不吉。

（9）灶忌横梁压顶

灶忌横梁压顶：风水学上有"横梁压顶"不吉利的说法，睡床或坐椅上方有横梁压顶固然不吉，而灶上有横梁压顶则更不适宜，否则家人多病，尤其是对妇女健康有损。

（10）不宜斜阳照射

不宜斜阳照射：在风水学来说，厨房向西，特别是煮食的炉灶受西阳照射，不吉利，认为这会令家中各人的健康受损。

（11）不宜尖角冲射

不宜尖角冲射：风水学认为尖角锋利，容易造成损害，故此对尖角冲射很忌讳，而炉灶是一家煮食养命的所在，倘若受到尖角冲射，便会对家人的健康有损。

（12）避免水火相冲

避免水火相冲：灶位避免紧靠洗碗盆，炉灶属火，而洗碗盆则属水，故此两者不宜太接近，更忌炉灶夹在两水中间，例如在洗衣机和洗碗盆之间。

2、炉灶风水方位

（1）炉灶不宜安在南面的“午”方

风水理论认为“灶安午方，主火灾目疾”。

有人推论这是因为南火气相当旺，倘若炉灶安在南方，二“火”相遇，非常燥热，故此会有火灾或眼疾事件发生。

但有一点要注意，南方“丙”“午”“丁”这三个方位，每个方位是十五度，但其中只有在“午”方设灶才是不吉，而在“丙”及“丁”设灶则吉，这又似乎与南方的火气无关，否则何以独是“午”方设灶不吉呢？

（2）炉灶不宜安放在北面的“子”方

有人解释这是因为北方水气相当旺，与炉火互不相容，故炉灶不宜安放在此。

（3）炉灶不宜安放在东北的“艮”方

风水理论认为艮方是“鬼门”，因此炉灶不宜放在那里，否则会对健康不利。

（4）炉灶不宜安放在西南的“坤”方

风水理论认为坤方是“里鬼门”，故此炉灶不宜安放在那里，否则会对健康不利。

（5）炉灶不宜安放在西北的“乾”方

风水理论认为西北方属乾，五行属金，代表一家之主，倘若炉灶安放在那里，炉火克金，便会对一家之主有损害。

总括来说，以上的方位吉凶，只是就一般而言，而不是按照“命卦”“五行”来推定，与“宅命相配”无关，故此只是提供出来给各位作为一种参考而已。

许多人对以上的五处说法深信不疑，但我却不十分同意。

我认为哪些地方适宜或是不适宜安放炉灶，并不是一成不变的，而是要看炉灶方位与“宅”及“命”的关系而定，换句话说，不同的住宅以及不同的人，安放炉灶的方位宜忌便会有所不同。

例如：八宅派主要是把住宅分为“东四宅”和“西四宅”，把人亦分为“东四命”及“西四命”。

“东四宅”及“东四命”的炉灶方位宜忌，与“西四宅”及“西四命”刚好相反，“东四宅命”所忌的方位，却正是“西四宅命”所宜；而“东四宅命”所宜的方位，却正是“西四宅命”的所忌。

由此可知一概指定某些方位不适宜安放炉灶，是相当笼统的，所以不必因自己的炉灶位置不在某个不宜方位之内而担忧。

（6）“坐凶向吉”是安放炉灶的真言

所谓“坐凶”是指炉灶要放在不吉利的方位，镇压着凶神，但却一定要“向吉”，即是说炉灶的火门一定要向着吉利的方位，借以吸纳吉气。

《八宅明镜》对此作如下的解释，“火门者，锅底纳柴烧火之口，得向吉方，发福甚速，期月之间即验。”

所谓“火门”即是炉口；若是石油气炉或是水火炉，则正面的开关掣即火门，而火门面向吉方为宜。

3、八宅命派炉灶方位

现在按照“八宅派”的理论，把“东西宅命”最适合安放炉灶的方位一一列出，并略作说明，以供各位参考。

（1）震命震宅

炉灶最宜坐西北向东南，因为这是坐“五鬼”而向“延年”。符合了炉灶“坐凶向吉”的要求。灶向“延年”方称为“延年灶”。“延年灶”主夫妻和睦，福寿康宁。其次，是坐西向东，即是坐“绝命”向“伏位”亦吉，主家庭和顺，人口平安。

（2）巽命巽宅

炉灶最宜坐西向东，因为这是坐“六煞”而向“延年”，符合“坐凶向吉”的要求，属于“延年”吉灶。主福康宁，夫妻和睦。其次，是坐西北向东南，即是从“祸害”向“伏位”亦相当理想，主家庭和顺，人口平安。

（3）坎命坎宅

炉灶最宜坐西北向东南，因为这是坐“六煞”向“生气”，符合“坐凶向吉”

的要求，是属于“生气”吉灶，当然甚为理想，“生气灶”主大贵，青云直上，子孙荣显。其次，是坐西向东，这即是坐“祸害”向“天医”，是属于“天医”吉灶，主大吉，财源广进，健康长寿。

（4）离命离宅

炉灶宜坐西向东，因为这是坐“五鬼”向“生气”，符合“坐凶向吉”的要求。灶向“生气”方，是属于“生气灶”。“生气灶”主大贵，青云直上，子孙荣显，其次则坐西北向东南，这即是坐“绝命”向“天医”，是属于“天医”吉灶。“天医灶”主大富，财源广进，健康长寿。

（5）乾命乾宅

炉灶最宜坐东向西，因为这是坐“五鬼”而向“生气”，符合“坐凶向吉”的要求，是属于“生气”吉灶，主大贵，青云直上，子孙荣显。其次，是坐东南向西北，这即是坐“祸害”而向“伏位”，是属于“伏位”吉灶，主家庭和顺，人口平安。

（6）兑命兑宅

炉灶最宜坐东南向西北，因为这是坐“六煞”而向“生气”，符合“坐凶向吉”的要求，属于“生气”吉灶，主大贵，青云直上，子孙荣显。其次是坐东向西，这即是坐“绝命”而向“伏位”，是属于吉灶，主家庭和顺，人口平安。

（7）艮命艮宅

炉灶最宜坐东南向西北，因为坐“绝命”而向“天医”，符合“坐凶向吉”的要求，属于“天医”吉灶，主大富，财源广进，健康长寿。其次，是坐东向西，这即是坐“六煞”而向“延年”，是属于“延年”吉灶，主夫妻和睦，福寿康宁。

（8）坤命坤宅

炉灶最宜坐东向西，因为这是坐“祸害”而向“天医”，符合“坐凶向吉”的要求，是属于“天医”吉灶，主大富，财源广进，健康长寿。其次，是坐东南向西北，这即是坐“五鬼”而向“延年”，是属于“延年”吉灶，主夫妻和睦，福寿康宁。

为什么炉灶要坐凶向吉呢？《八宅明镜》有如下记载：“灶，安本命凶方则吉，压本命吉方则凶，屡试屡验。”

“东西宅命”最适合安放炉灶的方位

东西宅命	炉灶适宜坐向		命理	灶名	吉凶
震命震宅	最宜	坐西北向东南	坐“五鬼”向“延年”	延年吉灶	主夫妻和睦，福寿康宁
	其次	坐西向东	坐“绝命”向“伏位”	.伏位吉灶	主家庭和顺，人口平安
巽命巽宅	最宜	宜坐西向东	坐“六煞”向“延年”	延年吉灶	主福寿康宁，夫妻和睦
	其次	坐西北向东南	从“祸害”向“伏位”	伏位吉灶	主家庭和顺，人口平安
坎命坎宅	最宜	宜坐西北向东南	坐“六煞”向“生气”	生气吉灶	主大贵，青云直上，子孙荣显
	其次	坐西向东	坐“祸害”向“天医”	天医吉灶	主大吉，财源广进，健康长寿
离命离宅	最宜	炉宜坐西向东	坐“五鬼”向“生气”	生气吉灶	主大贵，青云直上，子孙荣显
	其次	坐西北向东南	坐“绝命”向“天医”	天医吉灶	主大富，财源广进，健康长寿
乾命乾宅	最宜	坐东向西	坐“五鬼”向“生气”	生气吉灶	主大贵，青云直上，子孙荣显
	其次	坐东南向西北	坐“祸害”向“伏位”	伏位吉灶	主家庭和顺，人口平安
兑命兑宅	最宜	坐东南向西北	坐“六煞”向“生气”	生气吉灶	主大贵，青云直上，子孙荣显
	其次	坐东向西	坐“绝命”向“伏位”	灶伏吉位	主家庭和顺，人口平安
艮命艮宅	最宜	坐东南向西北	坐“绝命”向“天医”	天医吉灶	主大富，财源广进，健康长寿
	其次	坐东向西	坐“六煞”向“延年”	延年吉灶	主夫妻和睦，福寿康宁
坤命坤宅	最宜	坐东向西	坐“祸害”向“天医”	天医吉灶	主大富，财源广进，健康长寿
	其次	坐东南向西北	坐“五鬼”向“延年”	延年吉灶	主夫妻和睦，福寿康宁

不适合安放炉灶的方位

炉灶不宜坐向	吉凶
压“生气”方	主堕胎或无子，被人诽谤，不招财。人口逃亡，六畜破败。
压“天医”方	主久病，卧床体弱肌瘦，服药无效。
压“延年”方	主无财少寿，婚姻难成，夫妻不睦，人口病，田畜败。
压“伏位”方	主无财困苦，诸事不顺。
压“绝命”方	主长寿，添丁易养，发财进人口。
压“六煞”方	主无讼，有财，无火灾，益人口。
压“祸害”方	主无讼，无病，不退财。
压“五鬼”方	主无盗，奴婢忠顺，发财，无祸，无病，田畜大旺。

总而言之，炉灶以“坐凶向吉”为宜，布置厨房时，应以此为原则。

4、厨房风水重点

根据我的经验，厨房风水应该注意以下的五个重点：

（1）忌风

传统的风水学讲求“藏风聚气”，故此最忌风吹，而厨房的炉灶尤其忌风。

风水学认为炉灶正对门口，以及灶后窗皆不吉，主要是因为担心灶被门外的风吹扰。撇开风水不谈，单从家居安全来说，炉灶实在是不宜正对门口或靠近窗口的。因为煤气炉和石油气炉被风吹熄，便会泄漏石油液化气，是很危险的。

如果是用柴炭来煮食，大风一吹，火屑四散，很容易因此引起火灾。

不论是为了风水吉凶也好，或是为了家居安全也好，应该尽可能避免把炉灶放在当风的地方。

（2）忌水

在风水学的观念里，认为炉灶炎热的“火”气，与湿凉的“水”不协调，正所谓“水火不相容”，这样会对煮食的炉灶有冲克，因而间接影响家人的饮食健康。

所以传统的风水学有“炉灶忌水”的说法，那么炉灶究竟应该如何避水呢？

炉灶避水的方法大致有如下三点：

（1）避免炉灶向北：因为北方是“水”当旺的地方，而水能克火，故此对炉灶不利。

（2）避免把炉灶安放在水道上。

（3）避免把炉灶夹在两个“水性”物件中间，厨房中洗碗盆、冰箱及洗衣机等物件，均是属于“水性”的物件，故此炉灶不宜夹在这些物件之间。

5、米缸、冰箱宜忌

中国人的食粮是以米为主，尤其是南方几乎是无米不成餐，故家家户户皆有米缸储米，而米缸便成为厨房中不可缺少的用具。

这样重要的用具到底应该安放在厨房的哪一处才适宜呢？

风水理论认为，“仓库”（米缸）为藏禾（米）之所，属土，故不论何向（坐向），“仓库”宜造在土方为大利，凡居宅皆有木方，是仓库受克位，不宜设立。

大意是说，米缸属“土”，故此应该安放在“土”当旺的方位，即是西南方及东北方。因为木能克土，故此属“土”的米缸便不宜安放在“木”气当旺的东方或南方。

冰箱是用来储藏食物的，在现代都市里很普遍，所以许多人都希望知道冰箱到底应该装在哪里较为适宜。

关于这个问题，有各种不同的说法，目前仍未有定论。

原因是古人并无冰箱这样家庭用具，即使是性质相近的用具也没有，所以风水古籍中并未提及应该如何摆放冰箱，于是在处理问题上，有不同的说法和做法。

有些人认为冰箱应该压在凶方，因为雪柜冰冷而又沉重，把它摆在凶方来镇压凶星，应该最为理想。

但另外有些人则抱相反的意见，认为冰箱应该摆在吉方。

我赞同这种说法，原因有如下两点：一是冰箱是储藏一家包含所需的用具，倘若放在凶方，实在不大适宜。二是冰箱一天二十四小时都在不停地运行，倘若放在凶方，便会惊动凶星，刺激它肆虐逞威，故此并不适宜，风水学上有所谓“凶方宜静不宜动”便是这个道理。

6、厨房灶君神位

古时，中国各地差不多家家户户均在厨房安奉灶君，朝夕上香，不能疏忽。而现在很多家庭仍然沿袭这种传统，在厨房中供奉灶君。

根据资料显示，中国人远在夏商周三代已开始祭灶，当时是在每年夏天，由天子率领百官亲临祭拜灶神，甚为隆重；其后则平民百姓亦各自安奉灶神于自己家中，朝夕上香供奉。

风水学认为，灶君职权其实并不只是专掌管饮食之事的，他的主要职责是代天监察各家各户的善恶。然后在年终返回天庭向天帝报告，让天帝根据各家各户的善恶作出赏罚。

此外，灶君亦是每家的守护之神，不让外面的鬼怪妖邪入屋肆虐。灶君神位的对联上“上天言好事，下界保平安”寥寥十字已把灶君的职权清楚地刻画出来了。

如何安放灶君神位

灶君五行属火，
应该把灶君供奉在厨房的南方

到底灶君的神位应该放在厨房的哪一个角落呢？很多人曾经问过我这个问题。

其实，答案很简单，灶君的神位是应该供奉在炉灶之上的，因为炉灶正是灶君的寄身之所。

但倘若炉灶之上没有空间来供奉灶君，那又应该如何处理呢？

我的意见是，应该把灶君供奉在厨房的南方，因为灶君五行属火，而古代的天子又在夏天祭灶，故此灶君当然是应该供奉在“火”旺的南方。

每年的农历十二月二十二及二十三两天，是灶君返天庭向玉皇大帝报告各家善恶的时间，于是在这两天家家户户均忙于祭灶，拜祭的物品中有酒、糖。

有酒，是希望灶君饮醉后，便不会把自己家的过失一一向天帝禀明。有糖，是希望灶君吃过糖后，嘴巴会甜些，多说好话，而有些人家则用糯米汤圆祭灶，希望糯米黏着灶君的口舌，使他的口舌不清，难以向天帝禀明是非。

以上这些都是民间的古老传说，但年终祭灶的风俗现在仍普遍，由此可见这种传说依然深入人心。

八、厕所浴室风水

现代的房屋设计，绝大部分是把厕所与浴室相联一起，故此现在便把这两者合并一起谈谈。

传统的风水学理论，对厕所浴室的吉凶宜忌，除了指出要压在凶方之外，其他却很少提及，因而产生了不少附会的说法。

到底厕所浴室有哪些需要注意的地方呢?

1、厕所不宜开在西南或东北方

许多风水书籍均提出这样的说法，认为厕所设在西南或东北方，主在凶，但却说不出其所以然，所以令一般人均莫名其妙。

厕所浴室重在来水和去水，水气甚重，倘若开在西南或东北两个土气当旺的方位，会有“土克水”的毛病发生，因此不吉利，尤其是家人健康会受损。

2、厕所不宜开在房屋的中心

这种说法有两点原因解释:

根据“洛书”的记载，中央属“土”，倘若厕所浴室在房屋的中央，则发生“土克水”毛病，故不吉。

房屋的中心正如人的心脏一样，至为重要，厕所开在那里便显得不伦不类，非但有碍观瞻，而且有违风水之道。

3、厕所不宜开在南方

因南方“火”气重，与“水气”重的厕所形成水火不相容，故此不吉利。

4、厕所宜压在凶方，忌压在吉方

厕所浴室是用来大小便及清洁体污的地方，本质并不洁净，故此不宜开在吉方，否则便会令吉星蒙污，有损宅运。

相反来说，用厕所来压在凶方，以邪制邪，这样便不凶反吉。

怎样才知道安厕的吉凶呢？其实很简单，只要记着以下两条公式便可：对“东四命”的人来说，“西四方”便是凶方，适宜安厕。“西四方”是指西南、西、西北及东北。

对“西四命”的人来说，“东四方”便是凶方，适宜安厕。“东四方”是指东、东南、南及北方。

5、浴厕地点宜隐蔽

因为浴厕被认为是较为不洁及隐私的地方，所以不宜太瞩目。

厕所门不宜对正大门，两者成一直线，这样非但碍观瞻，而且有违风水之道，风水学认为这样会导致疾病丛生，尤其是患恶性的肿瘤。

即使厕所并不是正对大门，但也不宜位于瞩目之处。

6、浴厕不宜改为睡房

现代都市地狭人稠，寸土如金，往往有些家庭为了节省空间，便把其中一间浴厕改作睡房，借以多挤些人口，但这样却违反了风水之道，而且严格来说，亦不符合环境卫生。

在风水学来说，浴厕是被视为不洁之地，是应该开在凶方来镇压住凶星的，所以睡房邻近浴厕已是不大适宜，更何况是把浴厕改作睡房。

而从环境卫生来说也不适宜，因为虽然把自己那层楼的浴厕改作睡房，只是楼上楼下却并不如此，如此一来，自己那层的睡房便被上下层的浴厕夹在中间，相当难堪。

此外，楼上的浴厕若有污水渗漏，睡在其下的人便会首当其冲，根本不符合环境卫生之道。

因为以上种种原因，故此应该尽量避免把浴厕改为睡房，但若改作储物室则没有多大问题。

7、浴厕应常保持清洁

浴厕正如风水古籍所谓“出秽”的地方，故此应该十分注意清洁卫生，否则便易滋生病菌。

图解厕所风水

中国几千年来的风水学说对屋内厕所的位置非常讲究。屋内厕所的风水意味着你的上水和下水，关乎你的事业财运和健康情感。

厕所安放原则是：对“东四命”的人来说，“西四方”便是凶方，适宜安厕。“西四方”是指西南、西、西北及东北；对“西四命”的人来说，“东四方”便是凶方，适宜安厕。“东四方”是指东、东南、南及北方。

宜压凶方，忌压吉方

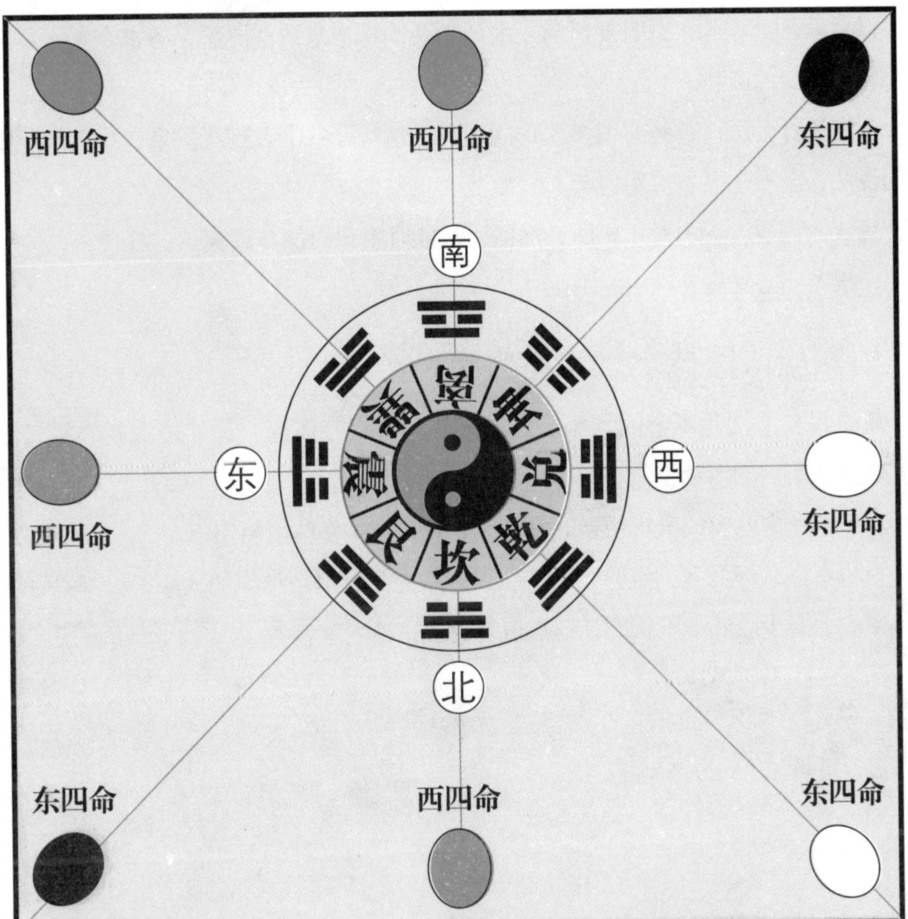

东四命宜安放厕所的位置　　东四命宜安放厕所的位置　　均不宜安放

从八卦方位上讲，厕所不宜安放在五行属土的方位。如西南、东北和房屋中心，因为这三个方位属土，而厕所属水，会有土克水的五行克制，不利健康和财运；同样不宜安放在南方，南方火重，会产生水火不容的情况。

传统的风水学理论，认为厕所紧贴卧房则不吉。

这种说法颇有科学根据，因为从环境卫生来说，古代的厕所没有抽水的设备，故此厕所大部分时间均是粪便堆积，臭气弥漫，再加上喜欢逐臭的苍蝇等昆虫活动其间，使厕所成为一处极不卫生的地方，倘若卧室贴近厕所，试想想会有什么后果呢？

但现在一般家庭，厕所均有抽水马桶，大小便完毕后，一拉手掣，便把粪便立刻冲去，不会像传统的厕所那样长期堆积粪便，因而环境卫生已大为改善了。

但虽然如此，仍要时常注意保持厕所浴室的清洁通爽，除了把厕所的杂物清除，以免藏污纳垢外，并且要时常用清洁剂及消毒水来清洗厕所，务求令厕所不再成为家庭健康的威胁。

现在流行套房，曾经有很多人询问过我，这些卧室中有厕所浴室，如果依照传统的说法，岂不是很不吉利。

我认为只要床头不对正厕所，而厕所又能时常保持清洁通爽，这样便可以放心居住，根本不必受古老说法的困扰。

8、浴厕应该保持空气流通

单是保持清洁是不够的，厕所浴室应该时刻空气流通，让外边清新的空气流入，吹散厕所内的污浊空气。

所以厕所内的窗或气窗便要时常打开，以便吸纳多些清新空气。

说也奇怪，根据我的经验，那些厕所光线充足，清洁通爽的人家，大都是一家大小平安，很少受病魔困扰的，这点值得提出来给大家参考。

九、书房风水

现在一般家长对子女的教育甚为关注，希望他们读书聪明伶俐，考试名列前茅，长大成人后可以出人头地。

因此之故，很多望子成龙的家长除了倍加督促之外，还关心到书房或书桌的风水问题，希望这会对子女的读书有所帮助。

在风水学方面，认为若是书桌或是书房位于文昌方位，这便可助成学业，显发科名。究竟“文昌”是什么呢？原来文昌是一颗星，称为文昌星，相传专门掌管天下读书人功名利禄；此外，它又称为文曲星。但不管称为文昌或文曲星，它始终是与读书考试有关的。

所谓“文昌方”，是指文昌星所飞临的方位；换句话说，文昌星飞临的那个方位，那处便是文昌方。依照风水学的说法，若是书桌或书房位于文昌方，那便会对考试有所裨益。

文昌星位有助于读书学习，是大家共知的。在实际应用中很有应验。

1989年在北京时，一位邱女士问我：“我的儿子读书成绩不理想，在风水的方法上，有没有办法令儿子读书成绩好一些？”

“在风水上，有一颗文昌星的星曜，其力量能够令人的头脑灵活、聪明，学习成绩当然会好些。”我说。

事实上，每间房屋都有一个方位是文昌星位。如果能够在这个方位放书桌，温习功课，则此人学习成绩必定很快进步。

但是，有一点应注意，利用文昌位，是一种助缘，如果自己不在书桌上温习，就算书桌放在文昌星位，也无作用。虽然文昌星能够令人比从前聪明，但智商太低之人，力量只能令其智商比较从前提高，却不会令其智商达到非常高之境界。故低能人士，用上文昌星的帮助，亦难以令其恢复常人状态。

邱太太听我说在风水学上，有方法令人更为聪明，故邀我为她看家里的风水。

星期四上午，我前去邱太太的住宅。

邱宅的布置较为古香古色。

因为邱太太希望儿子读书成绩有进步，故我比较着重书桌的位置，看其合不合风水原则。

邱太太希望儿子能够安静读书，特地将一间书房让给儿子平日做功课、温习书本所用。

我进入书房后，已发觉书桌摆置完全不合风水原则。

“邱太太，你儿子的成绩很差，亦得不到老师的宠爱，而且他常常与人争执、吵架。”我说。

“是啊，我儿子读的是名校，成绩本是不错的，自从搬来这里后，他的成绩愈来愈差，虽然他非常努力，但总觉得成绩仍不理想。可能因这些问题而影响心情，便常常与同学争吵。”邱太太答。

“你儿子的书桌犯了两点风水避忌：第一，书桌的坐位背着门，故得不到长辈的宠爱，你儿子的长辈，便是老师了。若是成人坐此位，则得不到上司的赏识。第二，书桌坐位的背后，被门冲着，犯了门煞。逢坐位背犯门冲煞，主人精神不能集中，心散，而且容易与别人发生争执、相骂等事，所以儿子的读书成绩未能理想。”

“那么书桌应该怎样摆法，才能令我儿子的读书成绩进步？”邱太太又问。

“你等一会儿，待我用罗盘探测你住宅的坐向，然后再推算文昌星在那一个方位，才可以答复你。”

我拿出罗盘，然后站在屋的中间，面向着门，测出此宅是坐子向午（坐北朝南），在风水上，称此宅为坎宅或北宅。

依九宫飞泊风水的公式计算，北宅是以东北为文昌位，即是四绿星。

我再入书房，教邱太太把书桌放在东北方，先用理气的方法，然后再依“室内格局”摆置，依后靠前虚法，是属于合峦头之法。

约一年以后，邱太太再来找我，说打算买新的楼宇，希望我替她再看风水。后来她道出，自从儿子的书桌改移文昌位之后，果然成绩好了起来，较以前起码好一半以上。她又说，想不到一张书桌的摆放，会有如此力量。

放置书桌的方位，在“室内格局风水法”上要依以下几个原则：

1、书桌要向门口

门口为向，外为明堂，这样摆法，主人头脑清醒、聪明，但记着，不可被门冲。

2、座位宜背后有靠

背后坐，以墙为靠山，古称乐山。这种摆法，主得贵人眷顾，上学之儿童，得老师宠爱；上班人士，得上司赏识与提携，而令事业有良好的发展。

3、不宜被门冲

此名犯门冲煞，主人思想不集中，精神不佳，因此引至考试成绩较差，而成人则工作容易出错等。

4、不宜背门

此缺靠山之格，上学者，得不到老师的宠爱；上班的人士，较难得到上司的赏识、提携。事业、工作因而事倍功半。

5、不宜放中宫位

此为四方无靠、孤立无援之格。无论精神、学业、事业都不会好。

十、居家健康风水

风水与住宅的关系也就是风水与人的关系，因此，风水与人的关系是非常密切的。

天有天气，地有地气。所谓“天气”，可以认为是微波的作用；所谓“地气”被认为是地球磁场的特殊作用。人体血液中含有一定量铁元素和其他多种磁性元素，这就决定了自然磁场会对人体产生不可估量的作用。

风水学中，常以九宫八卦五行生克论“气”，九宫是指九星，也就是一白、二黑、三碧、四绿、五黄、六白、七赤、八白、九紫；八卦指乾、坤、震、巽、离、坎、艮、兑；五行指金、木、水、火、土。无论是九宫九星之气、八卦八方之气，或是五行生克之气，无论“天气”或“地气”，若所来“气”的方位对房屋住宅是有利的，与房屋的居住者的五行命格是相生的，则不但房屋吉利，所住的人也可受其护惠；如果所来的“气”是相克的，则房屋及居住者都可能受到不利的影响。由此可见，风水与我们每个人是息息相关的，应该引起关注和重视。

例如一所住宅的通风透气条件恶劣，可能属于凶宅，住在里面的人健康状况肯定不佳。这是最普通的常识。

让我们看一个具体例子：这是上海普陀区的王先生在1993年咨询的情况。王先生的一个亲戚，做生意相当顺利，但是，他和他的太太的健康状况都不好，因此非常苦恼，来请我给看看。

我问：“他们是什么时候感到不舒服的呢？”

王说：“已经有两三年了，他太太总是很懒散，且极易疲劳，肠胃也不好，晚上睡不着。”

我又问：“这位太太的身体本来很健康吗？”

王说：“是的，她的个性很强，头脑也很聪明，做事爽快，在我的亲戚当中，她是最会处理事情的人。可是，最近却常说很疲劳，连出去买东西都懒得走。”

我问：“她先生也很能干吗？”

王说：“她先生就是我太太的弟弟，做事情很慎重，很认真，只要有时间，他总是在做事，而且喜欢运动，是一个精力充沛的人。但是，最近却常易感到疲劳。他们的年纪还算轻，一定是风水环境方面的关系，所以，我才来请您帮忙看一看。”

我问：“他们是什么时候搬到现在住的地方的？”

王说：“大概是四五年前。”

“我想原因有可能是在房间。你能否画个草图给我看呢？”

按照图面来看，这是大门向南的两间楼房，楼下有两间六平方米的大房间。不过，他们把厕所放在东南的正中是个错误，虽然浴室、厨房在北方，但是，浴室是向西北的。

我问：“厨房和浴室的水是从哪一个方向流出来的？”

王先生打电话后，才晓得水是从西方流出来的，然后流进公用的大水沟，这些水道是用水泥混凝土做的。

由此看来，厨房和浴室的水的确是流入了下水道。但是我总觉得下水道好像不那么畅通。

王先生又打电话问清楚后说：“你说的不错，下水道的确不通畅。”

我说：“倘若有时间的话，把住宅的平面图拿给我看，这样，我才能判断原因何在，从易学上来看，房子下面有漏水现象。”

“你怎么知道房子下面有水呢？”王先生露出怀疑的表情。

我说：“据你讲的情况，我推算出来的卦象是山水蒙，山水蒙就是下面有水或泉水的象，而山是表示建筑物，也代表房子，水则代表庭院的水或排出的水，既然是初爻，山水蒙的卦，就隐藏着山泽的卦，山水就是山底下的水，而水就变成泽，意味着水没流动。配合现状来看，厨房浴室排出来的水还没有流到下水道之前就漏出来了，流到房子下面，使得土壤变成泥状，即变成泥的泽。”

过了十几天，王先生打电话给我说：“你说的很准，我们仔细检查后，才发现从浴室流出的水，在没有流入下水道之前，就减少了许多。”

我问：“位置是不是在西到西南的一带？”

王答：“对，我们请工程队检查，就是从西到后门一带的下水道接头的地方腐烂，所以水才漏出来，而流出的水都流到了房子下面，我们把地板翻开看才知道地板下面有水。”

我问：“最严重是在哪一方？”

王答："从后门到房子的中央一带。"

后门也就是鬼门，可以说是西南方，意味着主妇的部位，也是人体中的肠胃部位和精神状态。说得好听一些就是安静，说的不好听，就是无精打彩，是产生疲倦的地方。房子的中央代表户主的宝座，西南是土星的场所，因此，有坏作用时，活动变得有气无力，以致有慢性病出现。倘若变得更恶劣的话，很有可能患胃癌、脑溢血、心脏病等症。于是我让王先生劝他的亲戚最好搬家。

后来才知道，这所住宅不是新房子，在他们搬进来之前，已经有人住过数年了。这所房子所用的材料很好，构造也很牢固，保养也不错，从外表看很美观，但是，谁也不知道房子下面有水，于是，就把房子买下来了。

在搬新家过了一年后，那对夫妇的身体就逐渐康复如初了。

以上所列举的只是一个例子，我们且不去研究其所卜的"山水蒙"卦有什么依据，仅从下水道漏水可以影响人体健康这点来看，就有其真实性。试想，如果一间房子长年地下积水，势必湿气严重，影响到整个住房的通风透气，又很不卫生，住在这种房子里的人，怎么能不生病呢?

这里所指的风水，其实就是居住条件与环境，并非什么神秘奥秘的东西。

中医诊病讲究"望、闻、问、切"，这里的望，指观察病者的面部气色情况，一个人如果生了病，往往从面部可以体现出来某些征兆。笔者研究发现，在一所屋里住的时间长了，也会对人的面相产生一定的影响。

一所住宅如果住了几十年，也许用不了这么长的时间，屋相和人相就会发生影响：从脸色就可以看出房屋的问题，或从屋相上看出脸部的气色和居住者的身体情况，这是因住宅的自然物因素作用于人的结果。比如说，人的下巴，相当于房屋的地基。如果地下的水位高，而地基又做得不理想的话，必然导致房屋湿气严重。久居者的下巴就会经常出现暗蒙蒙的黑气。不但家里的衣物容易发霉，居住的人也容易患肚子痛或腹泻。

如果埋在地下的自来水管破裂漏水，或地下排水的暗渠被污物阻塞不通，那么，居住者鼻子下的人中部位，就会经常呈现赤色或黑色，并可能看到许多小小的脏斑点，用肥皂也难洗净。

眉毛和眼睛之间的田宅宫出现青筋，很可能是屋顶漏雨的暗示，因眉毛是象征着屋檐，眼睛象征着窗户。这时候如果经营或买卖地产，绝对不利，人际关系也可能不会很好。

前额呈黑气色，很可能是天花板里面的电线有漏电走火的前兆，屋子有遭受火灾的危险，须赶紧检查预防。

鼻子位于脸的中心，相当于房屋的大梁支柱。鼻子正直、挺拔，也等于房屋的结构坚实。两边鼻翼相似金库，鼻孔下面应厨房，嘴象为餐厅以及浴厕。如果鼻下人中沟深长，人中的左右平满宽洁，则这家的厨房一定合理想。另外，下眼皮部分也代表房屋的客厅。

如果这所住宅适合这一家人住，他们住进去就有一种非常熟悉亲切的感觉，住久了，会对房子生发感情，不会再考虑搬家。如果这所住宅不适合于这家人住，潜意识里就会产生换另一所住宅的想法，迟早会搬家的。

购买或搬入别人住过的旧房子，应该先了解该房在过去六年中，有没有什么增建和改建的部位？住户有些什么特别好的或特别差的遭遇？如失恋、车祸或重大疾病等，并核对房屋的方位，看看这些重大事情与房屋的方位有无联系。

房屋的中心和西北与一家之长有关；

房屋的西南方位与家庭主妇有关；

房屋的东方与长子有关；

房屋的东南方与长女和长媳有关；

房屋的北方与次子有关；

房屋的南方与次女有关，以及中年男女有关；

房屋的东北与小儿有关；

房屋的西方与小女儿及男女儿童有关。

比方说，如果一所住宅的东北方位出现凶相，或是间隔欠妥，或是凸凹过分，或是地下水道阻塞，那么，这家的小儿子就要特别小心，因为房屋的吉凶往往会在相应的人员身上得到应验的。就算是不相信什么风水，不相信人与房屋的密切关系，也应在房屋出现某些不妥时，对家庭成员加以关照，这是只有好处而无坏处的。

房屋虽然要选择最好的，但是居住的人往往比房子更为重要。常言道：福地还要福人居，如果一家人心地善良，个个做好事，又能住上好屋，当然是相得益彰；如果居住人心地险恶，只会为自己打算，暗地里做亏心事，即使是住进最好的房子也挽救不了厄运，甚至会祸及子孙。这是我们对住宅风水应有的认识与态度。

十一、办公室风水

无论是政府高官或是基层领导，无论是小店老板或是大公司经理，领导者的办公室和办公桌摆放都至关重要。因为吉祥方位的气场对人的胆略、智慧都有一定的帮助，进而影响到生意的兴衰、事业的成败。

凡属高级领导，如老板、董事长、总经理、决策人的办公桌，一般应以卦命吉向为依据。即吉向在南，座位则向南；吉向在东，座位则向东。

凡属中层领导，如经理、领班、副经理、分经理的办公桌，一般应以命理四柱为依据。即缺木，座位应朝东；缺火，则座位应向南等等。

此外，办公室乃至办公桌的朝向还要考虑办公楼所在地的水文地质、环境景观、气象气候及办公楼内部结构情况和气场因素。

1、写字台的理想方位

写字台的摆放分两种情况，一种是写字间选在办公楼的中间部分，另一种是写字间安排在经商楼的地下层，这样的写字间无窗，在无窗的写字间摆放写字台，主要考虑的是两个关系，一是写字台与门的关系，二是写字台之后的人与身后物件的关系。在对这两个关系的调配中，有两点要注意，一要注意不能将写字台正面对着进门，二要注意在写字台之后的人要有墙一类的凭靠，不能有多余的空虚。

避免将写字台正对着门，主要是为了使领导者在工作时，不容易受到来自门外噪音的干扰和受到他人的窥视；避免写字台后有多余的空虚，主要是为了使坐在写字台办理商务的经商者，减少来自身背后的空虚和不踏实之感，增加可靠性。

写字台的安放，台前应有一个比较宽阔的空间，按风水的说法是一个生气区，可使人的胸襟开阔。同时，写字台距离门较远，而且门又是位于写字台左前方的斜角上，可以避免他人从门的直接窥视和来自门外的噪声。写字台的座后是一堵坚实的墙，因为墙壁如同山脉一样给人以坚实感，又使写字台有所依托。

第二种情况，写字间选择在有窗的房屋，选择有窗的房屋作为写字间，首先要察看窗外的环境，要求凭窗远眺时，在窗的正前方不能看到有烟囱一类的不祥物。

最好映入眼帘的是青山绿水，或者是青竹红花，或者是优美典雅的亭台楼阁，或者是飘逸清香的稻田麦浪等等，因为这些都能给予依窗处理商务的人以清新的气息，使人精神爽朗；其次要察看窗外是否有走道，如果有走道，最好是放弃另择，因为走道上人来人往，脚步声、嬉笑声，都会影响到此间处理公务的人的工作情绪。而且，还常常受他人从窗户外的窥视。

窗外的环境察看好之后，室内摆设写字台最理想的方案是：写字台之后是踏踏实实的墙，左边是窗，透过窗是一幅优美的自然风景，这就形成了一个景色优美，采光良好，通风适宜的工作环境。在这样的环境里工作，绝对才思敏捷，工作热情大、效率高。门开在写字台前方右角上，也不易受门外噪声的干扰和他人的窥视。如果写字间的门开在左上角，写字台也可以相应更改一下位置，效果一样好，不受所谓属相吉向之说的影响。

2、办公台摆放的忌讳

办公台摆放的忌讳，主要是指摆设的方位不适宜，领导者或经商者在工作时会有不适之感。

写字台摆放的忌讳，主要有四种情况：

（1）忌座背门

将写字台与门正对面摆设，人背门而坐，这是写字台摆设第一要避免的。

门是气口，纳入生气，同时也会纳入煞气，人背着门口而坐，座后没有凭托，经常会感到背部的脊梁有惊寒之感。从门口处传入的各种噪声，都会刺激背脊，从而使大脑不安，背门而坐，还时常会感到似乎有人窥视。因此，坐于此座的领导者和经商者，时常都处在一种提防来自背后的不测的紧张状态之中。工作期间常有这样的干扰，就会使思绪紊乱，决策失误。

（2）忌座侧对门

将写字台摆在进门的右侧，写字台与门呈斜状，就犯了座侧对门的忌讳。工作会受到干扰，工作效率低下，还会影响身体健康。

（3）忌近走道、近窗

窗也是房屋的一个气口，也会纳入生气和煞气，特别是朝向行人走道的窗，会纳入更多的气，或者是行人的脚步声、喧哗声，以及其他的噪音一类的煞气。如果将写字台摆设于近人行道窗口之下，就等于将写字台置于煞气之下，而且还时常受到他人往来窥视。

写字台与人行道旁的窗户平行摆放，所有的座向在任何一方都不好，按照风水的说法，就是煞气过大，不宜作为工作和生活使用。如果非要在此摆放写字台不可，调节办法就是装上窗帘，或者将写字台远离窗口。当然，最好的选择就是不把这一类房屋当作写字间。

（4）忌座后有窗

如果将写字台与窗平行摆放，将座设于窗与台之间，将窗作为座屏。这样摆置的写字台也是应该加以避免的。

座后有窗，就如同座后有门一样不可用。窗是光和风的入口，本应是让光和风从窗而入，而却被设于窗前的座位所阻挡，这就等于挡住了光和风的通道。按照风水的说法，这一阻挡，就是挡住了气的流通，就是把流动的生气变成煞气。

临窗而坐，对于经商者来说是不利的。风经常吹袭人之后，就会整日感到背部不安，常此以往，就会扰乱人的精神。如果是遇到寒冷之风，还容易使身体失掉平衡，使人生病。窗外的光从人的背后照入，得到的是背光，背光有碍视力。而且，从正面看视背着窗光而坐的人面时，会看到一副阴森而恐怖的面孔。

背窗而坐，没有得到坚实屏障的依托。如果是窗台过矮，可能还会有不慎坠落的危险，均应予以避免。

十二、商场店铺风水

经商店铺的风水选址，主要在于选择一个能保证商家精神力旺盛、招迎顾客、利于买卖，能带来生意兴隆的好环境。在日本、香港、新加坡等地，富豪商家的店铺位置都是非常之好的，也都是按风水家的意见设置的，所以财运都很好。选择经商的店址，民间俗称“选码头”。“码头”位置的好坏，对经营的生意好坏有很大的影响。

因此，店铺位置的选择，对经商者来说是十分重要的。

1、取繁华避偏僻

在市镇上，人流穿往密集的地方就是繁华的地段。

按照风水的说法，有人就有生气，人愈多生气就愈旺，乘生气就能带来生意的兴隆。

从经济学的角度说，市镇上的繁华地段，就是商品交易最活跃最频繁的地方，人们聚集而来，很大程度上就是为了选购商品。

将店铺选择在市镇繁华地段开业，就可以将自己的商品主动迎向顾客，商品能招引顾客，就能起到促销的作用，将生意做红火。

相反，如若将店铺开设在偏僻的街段，就等于回避顾客。商店开张经营，而顾客很少光顾，就会使商店冷冷清清，甚至门可罗雀。按照风水的说法，人代表生气，没有人光顾商店，商店就缺少生气。生气少，就是阴气生。商店的生意不景气和萧条，就是阴气过盛。一个商店的阴气过盛，不仅是生意亏本，严重的还会损伤店主的元气，致使商店破产。

在我国的大多数城镇，繁华的地段往往都是集中在T字型和Y字型的路口处，如果选择在此开店，就会有同住宅一样，受到来自大道的煞气冲击；如若不在此开店，又避开了有利于发财的生气。故而，在这样的情况下，风水有一种“制煞”的方法。

一是要求在开设于T字型和Y字型路口的店铺前，加建一个布的或者篾制的围屏，或者围障，或者将店铺门的入口改由侧进，以挡住和避开迎大路而来的风尘。

二是在店前栽种树木和花草，以增加店前的生气和消除尘埃。

三是尽管经过采用以上的方法对店铺前生气与煞气的调整，处在此路段经营商务，还是风尘很大，因此，还要注意多在门前洒水消尘，以使店前的空气清新；还要勤于店前卫生的清扫和店面门窗的擦洗，以清除沉积的尘土。

总之，在T字型和Y字型路口处经商，均要保持店内外的干净清洁，特别是经营要求讲究卫生清洁的饮食、水果、百货类的生意尤为重要，如果是让风尘沾污了食品、水果和衣物，按风水说法就等于染上了煞气，就有可能是因为商品不净而无人问津，或者是因为卫生问题被吊销经营执照，或者是因食物和衣物的不净与顾客引起争讼等等，都有可能导致所经营生意的破败。

2、取开阔避狭窄

风水在选择宅址时，讲求屋前开阔，接纳八方生气，这与经商讲究广纳四方来客契合。

按照这一原则，选择店铺的地址时，也应考虑店铺正前方的开阔，要求不能有任何遮挡物，比如围墙，电线杆，广告牌和过大遮眼的树木等等。

讲求商店门前的开阔，可以使商店面向四方，不仅使商店的视野广阔，也使处在较远的顾客和行人都可看到铺面，这样利于将商店经营的商品信息传播四方，传给顾客，传给行人。风水把这种信息的传递，叫作气的流动，有了气的流动，就会生机勃勃。从经商的角度说，顾客和行人接受到了店铺的商品信息，就可能前来选购。

在商品经营的活动中，可以说，没有商品信息的传递，就没有顾客，没有顾客就没有生意。如今商品广告的盛行，就是看中了在商品经营的活动中，商品信息传递的重要性。

利用商店作为商品交易的场所，是一种固定经营位置的经营活动，这种经营缺乏像货郎担那样，走街串巷，主动送货上门的灵活性。因此，商店的经营要使有顾客上门，门面的显露和引人注目是最基本的。商店门前有顾客，就有了生气。顾客愈多，生气愈旺，其结果就是生意愈好。

选择在一个店面狭窄的地方开起了商店，或者是店前有种种遮掩物，就不利于商品的经营活动。店面的狭窄，或者店面被种种物体遮挡住了，就不能把商店商品信息远递，这样势必就将商店的商品经营活动局限在小地域和小范围之内进行。用有限的经营手段来改变这种状况，就需要经过一个相当长的时间。这就是经商行话所说的“熬码头”。熬码头，这对于一小本微利，或者是要急于见经济效益的经商者来说，是承受不起的。即使是熬出了头，使商品的名声逐渐外传了，也还时常会丢掉一些新顾客。这些新顾客往往会因商店店面的狭窄而找不到地址。得不偿失，应该搬迁或改造。

对于店面狭窄，或者受遮挡的店铺，必选的对策有四点，一是努力去拆除店前的遮挡物，使店面显露出来；二是对店面狭窄而无法改变，就把店牌加大高悬，使较远的地方张眼就能看到；三是通过电视、电台、报纸、广告牌等新闻媒介，广泛进行介绍宣传，尽量做到使顾客知道商店的地址、经营的商品，以及商品服务的特点；四是积极参加各种社会福利的赞助活动，以扩大商店的知名度。

3、取南向避东北

风水在选择阳宅的基址时，立求坐北朝南，其目的是为了避免夏季的暴晒和冬季的寒风。经商地址的选择，也同样需要考虑避日晒和寒风。那么，最好的也还是坐北朝南，即取南向。

作为经商性质使用的店铺，在进行经营活动时需要把门全部打开。如果店门是朝东西开，那么，在夏季，阳光就会从早晨到傍晚，通过店门照射到店内。夏季的阳光是火辣辣的，风水将此视为煞气。这一股煞气对商店的经营活动是不利的。煞气进入店内首先受到干扰的是店员。店员在烈日的暴晒之下，口干舌燥，头冒金星，全身大汗，很难坚持良好的工作情绪。店员工作情绪低落，或自找遮阳物，或尽管纳凉，或电扇冷气猛吹，处在这样境况下的店员，必定心火烦躁，因而也就势必对经商者视为“上帝”的顾客简单应付，甚至粗暴对待。如此这般，当然也就谈不上做买卖了。

受到煞气干扰的，第二就是商品。商品在烈日的暴晒之下，十分容易变脆发黄，严重的会影响到商品的质量。如果商品存放不久，即能卖掉，其影响还不大，倘若商品是久销不动，就非报废不可。结果是生意没做成，反要赔本。

受到煞气干扰的，第三就是顾客。商店在烈日之下热气逼人，对顾客来说，不是迫不得已就不会登门。再者就是，没有顾客愿意在烈日暴晒之下选择商品。商店没有了顾客，煞气就显得更重。煞气变死气，此店就不行了。

如果店铺朝北方，冬季来临也是不堪设想。不管是刮东北风，还是刮西北风，都会朝着门户大开的店铺里钻。风水也视寒气为一种煞气，寒气过重，对人对经商活动均有不利。寒风袭来，店员又受到了另一种煎熬，身体好的还顶一顶，身体差的就可能得病。尽管店员是加衣烤火，但寒气过重，就使店员不愿走动，不能达到商品销售的目的。店员因寒冷不愿走动，就会使商品的流动速度减慢，造成商品销售量减少。

然而，店铺选择坐北朝南，即取南向，就可避免少受朝东西向和西北方所带来的一切季节性的麻烦和不利，其生意就有可能要比前二者要好。

如果是迫不得已，商店非要选在朝东西方和西北方的地址不可，就要采取措施来制止住夏冬两季带来的煞气。在夏季，可在店前撑遮阳伞、挂遮阳帘、搭遮阳篷等等，以避免烈日的直接暴晒。在冬季，则需要给商店挂保暖门帘，在店内装暖气设备，使店内温度回升，造就一个适应人们进行正常的经营活动的环境。这种调谐寒暑的办法，风水就叫作“阴阳相克”或“五行相胜”。

选择经商地址，考虑的因素还有很多。比如有人考虑选择一个带有吉祥意义的街名，或者是选择一个认为能给自己带来好运的门牌号码等，来作为店铺的地址。这样的选择，除了能给经商者和顾客在心理上以某种安慰的作用之外，还具有风水学上的意义。

4、店铺外观造型

从商品营销的角度说，注重商店的外观造型达到树立商业形象的目的，就必须使这个外观造型具有鲜明的独特性，即要注重造就商店外观的特色，通过运用商店外观造型的独特性，宣传自己，招引顾客。

作为经商活动的店铺多密集于繁华热闹的街市，拥有众多商店的繁华街市，是一个商品经营活动竞争十分激烈的区域。要想在这个竞争区域里，取得商品营销活动的成功，首先就要从商店的外观造型上着手，要使商店的外观造型在商家角逐之地独树一帜，从而先声夺人。可以想象，一个外观造型平庸的商店，或者是一个商店的外观造型与他邻近商店保持一个格调，这个商店要取得超出他人的营业效益是不可能的，最多也是与他人持平。因为，这个商店没有能在商店林立的街市上，将自己突出地显露在顾客面前，因此，也就很难在商品买卖激烈竞争的舞台上，赢得有利于优先发展的地位。所以，将商店外观造型设计得有特色，这不仅仅是吸引顾客的一个做法，更重要的还是商品营销的一个谋略。

注重商店外观造型的特点，就如同注重商品包装一样。一件商品在市场上能否做到畅销，除了讲求商品的质量、性能优质外，还要讲求对商品进行具有特色的包装。因为，包装是展示在商品外表的一层装饰，顾客在柜台上选购商品时，首先看到的就是商品外表的一层装饰。商品的营销者要通过这一层装饰来抓住顾客，提起顾客购买欲，关键就在于展示在商品外的这一层装饰是否具有新颖、美观、别致等多方面的特色。道理一样，商店能否吸引顾客，除了讲求所买商品的质量和优质的服务之外，商店外观造型的特色也是很重要的。据不完全调查，一个经营效益好的商店，大多都是一个外观造型具有特色的商店；一个善于经营的商店，在他们的商品营销的对策中，总有一条是关于商店的外观造型设计原则，因为，他们把商店的外观造型看成是一个展示商店的包装，相信具有特色的包装就能够占领商品的经营市场。

一个商店外观造型的特色，最好是能围绕商店所经营的主要商品，或者是针对商品的营销特色去展开设计和构想，主要原则就是要使顾客从商店的外观，就能体会到或者猜测到商店经营的范围，使之在商品的营销活动中，起到宣传商店和招揽顾客的作用。

在追求商店外观造型特色时，不是指将这个外观造型搞成奇形怪状。奇形怪状的商店外观造型，将会弄巧成拙，惹来路人的非议。

良好的建筑造型，就在于挖掘人们对造型结构的审美意识。这种审美意识，对中国人来说，就是讲究结构的左右对称，前后高低均等，弧圈流畅，方正圈圆等等。因此，在设计商店外观的独特造型时，要注意造型结构的协调性。就是说，要考虑商店外观的独特造型是否符合人们对建筑结构的审美观念。具体来说，大致要看处于左右两侧的部分是否对称，前后的高低是否相宜，建筑物四周留出的空间是否均等，该成圆形的圆了没有，该成方形的方了没有，该成角形的，成了角没有等等。总的原则，就是在人们观看商店的外观造型时，感到舒服顺眼，取得良好的视觉效应，即是要取得人们对商店外观独特造型的认可。

人们认识一件物体，往往都是从认识其外观开始。商店能从外观造型的感觉上，首先赢得了顾客，就等于把生意做成了一半。

商店房屋的外观造型，从某种意义上说，就代表了一个商店的形象。好的商店外观造型，能使商店在顾客中树立起良好的形象，使顾客来到商店里购买物品时，感到踏实可靠，从而也就增加了在顾客心里的声望。反之，如果一个商店的外观结构设计得不协调，人们看过去感到十分别扭，不仅招人评头论足，而且使人产生反感，甚至厌恶，从而也就损坏商店在顾客心目中的形象，使顾客失去对商店的信任感，当然，顾客也就很少举足上门了。

对于不协调建筑外观造型的店铺，风水称之为“凶宅”，认为会带来天灾人祸。商店因建筑外观造型的不协调而失掉顾客，就是商店遭受到的最大祸患。

注意商店外观造型的协调，也是注意商店经营买卖活动的一个不可忽略的内容。

5、外观造型与区域景致协调

在设计商店外观造型时，除了考虑建筑本身结构比例的协调性之外，还要注意使商店的外观造型与所处的区域的自然景致相协调。

风水学认为，宇宙大地的万物都蕴藏着气，优美的山川景致表明生气盎然，相反残垣断壁就是死气淤集。在山川美景的区域，气的流动顺畅；而在残垣断壁的区域，气的流动受阻。

按风水学的说法，在考虑商店的外观造型与所处区域自然景致的关系时，更有意识地将商店的外观造型与优美的自然景致协调地融为一体；有意识地使外观造型与区域景致相协调，就意味着顺应了宇宙之气的流通，就是将商店融入了大自然的生气之中。商店处在优美的自然景致之中，就拥有了丰富的大自然的生气，就能顾客盈门，生意兴旺。相反地商店处在残垣断壁的恶劣的环境之中，就会导致生意经营惨淡。

从商品的营销角度上说，商店有一个优美的景致作衬托的背景，可使商店在对外宣传时，带给人们一个美好的形象。特别是从事旅游酒店生意的，有坐落于优美景色之酒店，会迎来源源不断的观光游客。

有了优美自然景致的良好环境，还要考虑商店的建筑与之相协调。如果不注意这种协调性，就等于失掉所拥有的优美自然景致的生气区域。

商店建筑与自然景致的不协调，是指商店的建筑很不相衬，或者是十分别扭地出现在优美的自然景致之中。商店的建筑与自然景致的不协调，就破坏了原有的大自然之美。就等于在一幅优美的图画上出现了一个不应有的污点。按照风水的说法，就是商店的建筑与区域自然之气不顺，扰乱了宇宙间的自然之气，使宇宙间的生气流通受阻。宇宙生气受阻带来的就是煞气的产生，原有的生气就变成了煞气。商店建筑带来煞气的同时，也就受到了煞气的包围。在煞气包围之中的商店，生意就会清淡。

从客观的实际来说，商店建筑不协调地出现在优美的自然景致之中，主要损害了商店对外宣传的形象，从而影响到生意。从这样的观点去看，当然就更不能将商店置于残垣断壁场景之中。

观察一个商店的外观造型是否与所处区域的自然景致相协调，最简便的一个方法，就是在早晚的时候，用视觉从不同的角度，来观察商店的外观是否美好。特别是在有朝霞和晚霞的时候，看一看映衬在霞光之中的商店外观造型，是否美丽动人，是否有诗的韵味，是否与自然景致融成了一幅优美的画卷，如能达到这样的效果，就是商店的外观造型与区域的景致，达到了最佳协调状态。

优美商店与优美的景致相融合，是商家所看重的天时地利。

精明的生意人能借用天地之利，以达到财源茂盛的目的。

按照风水学的五行之说，天地万物是水、火、土、金、木五种元素构成。天地万物都以五行分配，颜色配五行就为五色，即青、赤、白、黄、黑五种颜色。

青色，相当于温和之春，为木叶萌芽之色；赤色，相当于炎热之夏，为火燃烧之色；黄色，相当于土，为土之色；白色，等于清凉之秋，为金属光泽之色；黑色等于寒冷之冬，为水，为深渊之色。简化就是，木为青色，火为赤色，土为黄色，金为白色，水为黑色。

青、赤、黄、白、黑五色，在中国古代还有特殊的意味：

青色——永远、和平

赤色——幸福、喜庆

黄色——权力、财富、皇帝

白色——悲哀、平和、雅洁

黑色——破坏、沉稳

因此，中国古代的建筑对颜色的选择十分谨慎，如果是为希望富贵而设计所建筑就用赤色，为祝愿和平和永久设计的建筑就用青色。黄色为皇帝专用颜色，民间的建筑不能滥用，只能用于建筑某个小部分。白色不常用。黑色，除了用墨描绘某些建筑轮廓外，也不多用。故而，中国古代的建筑以赤色为多，在给屋内的栋梁着色时，以青、绿、蓝三色用得较多，其他颜色很少用。

人们对颜色所表现出来的习尚，已经不是一种简单的颜色欣赏，而蕴涵了人类的一种情感寄托，反映了一个民族的信仰观念。

于是，在设计商店外观的颜色时，就要注意将之与人们对颜色的传统认识观念相协调，要使人们接受所附于商店建筑外观的颜色。当然，随着现代文化的发展，人们对颜色的需求也会有所变化。那么，作为商店的经营者，就要主动地去满足人们对颜色的新需求，以颜色的清新、活力、美感来吸引顾客，来达到促销商品的目的。

要求商店外观造型的协调，当然也包括着色的协调，各种颜色搭配协调等等。

商店外观造型的协调，主要是指建筑物涂了某种为人们所忌讳的颜色，或者是在着色，或者是选择搭配的颜色，给人们所造成在色感的认识上不相适应的感觉。商店外观造型颜色的不协调，会影响商店的外在形象。

按风水的理论，颜色不正，色彩不协调，都带有煞气。商店外观造型颜色不协调，就使商店带上了煞气，有了煞气，就要给商店带来凶灾。且不谈风水论，商店外观造型颜色的不协调，就好似一个人穿了一件不伦不类而遭人厌弃的外装，是应该加以避免的。

借助颜色美化商店，借助颜色烘托商店，这是现代商家运筹商店的崭新意识。

6、店铺宜宽敞

商店的门是商店的咽喉，是顾客与商品出入与流通的通道。商店的门每日迎送顾客的多少，决定着商店的兴衰。因而，为了使商店能提高对顾客的接待量，门不宜做得太小。

商店的门做得过小，按风水的说法就是缩小了屋宅的气口，不利于接纳气，使气的流入减少减慢，从而减少屋内的生气，增加死气。

对于经商活动来说，作为出入通道的门做得过小，就会使顾客出入不便，如果顾客还要提携商品的话，就会出现撞撞碰碰，很有可能会损坏已卖出的商品。狭小的店门，还会造成人流拥挤，拥挤的人流就有可能使一些顾客见状止步，也会因人流的拥挤发生顾客间的讼争，以及扒窃事件的发生，最终影响商店正常的营业秩序。这就带来了风水常说的“灾祸”。

把商店的门加宽，甚至可以把商店的门全部拆除。商店的门加大，也就是扩大了风水所谓的“气口”，大气口就能接纳大财源。对于经商者来说，就是能接纳更多的顾客，就可以避免商品货物的碰撞和顾客间的争讼，避免其他不应有的事件发生，从而保证商店有良好的营业秩序，使经营蒸蒸日上。

广开了店门，还可以将商品更好地展示于顾客面前，方便顾客选购。广开了店门，就等于拆除了店内商品与店外顾客间的隔墙，使陈设在店内的商品直接展向街市，使街道上的行人举目就可以看到，就使陈列于店内商品成了一个实物广告，既宣传了商品，又做了生意。

广开了店门，柜台就成了宣传的橱窗，而且这个“柜台橱窗”更灵活，既可看，又可进行交易买卖，解决了商店橱窗只作设置在店门左右两侧的商品宣传。橱窗全部拆除，代之以柜台，将商店全面向顾客敞开。从商店投资的效益来说，就在不用扩建商店的基础上，扩大了商店的经营空间和营业面积。

要求店门宽敞的意义，就在于使顾客更大范围、更方便地接触商品。按照这个原则的设计，更进一步就是组建让顾客能自己提取商品的自选商场。在自选商场里，众多的商品就摆在顾客的眼前，顾客接触商品就更自由，而且顾客可以不须经过营业员之手，就可以拿到商品。

实践证明，能让顾客更广泛地接触商品，能让顾客按自己的意愿自由地取舍商品，就可以提高商店的营业额。这也是商店的“门宜宽敞”所要达到的效应。

商店的朝向是商家所十分慎重的事情，往往将之看成是经商成败的关键。因而，在强烈的求吉避凶心情的趋使下，就常有人去请风水师来占卜定夺。风水师就常用一个表作为指南：

商行/公司/商店	适宜的正门朝向
律师事务所 医疗中心	北或东
船业公司 账务公司 保险公司	西北或东南
银行 建筑公司 进出口公司	北或东
批发店 酒馆	北或东南

这个表是按五行相克相生的原理编制的。实际上，商店的兴衰取决于顾客，顾客是商店的财源所在。顾客盈门，商店就会兴旺发达，反之，商店就要倒闭。所

以，商店门的朝向，应取决于顾客，应该是顾客在哪里，商店的门就开向哪里，做到门迎顾客。

商店的门向还跟商店的选址有很大的关系，如若商店的选址为坐南朝北，或是坐西朝东，而且顾客的聚集点也就在房屋所坐朝的方向，那么商店的门就只有朝北、朝东无疑了。如果是这样，商店又犯了门不宜朝北、不宜朝东的忌讳，在夏季商店就要受到烈日的直晒，在冬季商店就要受到北风的侵袭。在这种情况下，不妨运用阴阳五行相生相克的定律处理。如果是经营旅馆业的，在夏季里，除了在旅馆门前搭遮阳篷外，还可以在旅馆的前厅摆置一个大的金鱼缸，摆上若干盆景。金鱼缸属水，盆景属木，都可以起到使室内的热气减弱的作用。而且，人在暑天里看到一缸清凉之水，其中又有生气勃勃的金鱼，就会获得清新之感。

如果有楼层的商店，而且二楼是用作办公间使用，商店的门朝向顾客，来自商店门口的噪声就有可能干扰到二楼的办公间。为了避免这种干扰，所设计的楼梯口不可以正面对着商店大门。按照风水学的说法，将上楼的梯口正对着大门，聚集在大门口的煞气（噪声）就会直接顺着楼梯道进入二楼。理想的做法是，将楼梯开置在侧面，梯口避开正门，由侧墙引阶而上。有可能的话，最好还是在大门与梯口之间放置一架屏风，作为噪声的间隔层。

在街市上，常可看到一些利用原有沿街房改建而成的商店。这种商店的房屋原先大多是作为住宅使用的，大门额上方往往没有伸出来遮阳遮雨的预制板或平台。这样商店的门虽然开向了顾客，但不利于顾客的出入。属于这样的商店，应在大门额的上方搭出一个阳篷。有了这样一个阳篷，在夏季可避免店铺受烈日的暴晒，也可使顾客在商店门前有一个站歇的地方；在雨季，又可避免店铺被雨侵湿，也可为顾客在商店前准备一块避雨之地。否则，商店门前无遮无挡，在烈日之下，热气逼人，顾客不耐酷暑，自然却步；在阴雨之下，湿气袭人，顾客站没有位，当然不来。

7、门避不祥之物

从心理卫生和环境卫生的方面而论，商店的门向还应避免正面着一些被风水称为不吉祥的建筑物。

风水学所说的不吉祥建筑，主要是指一些类如烟囱、厕所、牛栏、马厩、殡仪馆、医院等一些容易使人感到心理不适的建筑。这些建筑，或是黑烟滚滚，或是臭气熏天，或是哭嚎，或是病吟。由不吉祥的建筑带来的这些气流，风水学视之为凶气。

如果让商店的门朝着不吉祥的建筑而开，那些臭气、哭嚎、病吟的凶气就会席卷而来。经营些日杂小百货尚可，如若经营饮食，开办旅店，必然是食客少至，旅客稀少，因为谁也不愿花钱去闻那些恶臭气，去听那些哭泣哀鸣。而且，对于经营者来说，常处在这样的环境之中，也会造成精神不正，心气不畅，甚至重者，还会染病成疾，商败人亡。

当然，在商店的选址时就应避免在有不吉祥建筑的区域开业，如因其他缘故要设店于有不吉祥之物的区域，开门时就一定要避开这些不祥之物，选择朝有上乘之气的方向开门，而且在大门之后处，最好再安放一架屏风，以对煞气再做些阻隔。

风水强调阳宅开门避开不祥物，从另一个意义上，就是强调人的工作和生活需要有一个空气清新、视觉良好的环境。在良好的环境中，人们的工作精神愉快，智力的发挥也最好，自然人们做事的成功率也就最高。

十三、酒店宾馆风水

当今世界上以酒店宾馆为载体的旅游、住宿、饮食、交通等行业组成的旅游服务产业已成为很多国家的支柱产业，在其国民经济中起着举足轻重的作用。以笔者多年的观察发现，酒店生意好坏，除了经营者的方法和运气之外，酒店的风水也极为重要。这一点已经得到世界各国酒店行业普遍重视和运用。

随着现代化酒店旅馆功能的扩展与综合化，在广泛引进先进的科学技术和提高环境文化内涵的同时，在选址和设计建设上也更应注重风水学的参合。以求得到更好的经济效益和其他综合效益。如香港著名的总督饭店就是按照风水学家的意见建设的，其位置在风水学上称为招财位。还有香港九龙半岛大酒店的位置也是招财位，大门的装饰很有现代化的气魄。在新加坡著名的海德饭店，也是按照风水师的要求对该饭店的门庭、喷泉和收银台进行改造，经过一番改造后，饭店的业务才兴旺起来的。现在是宾客如云，财源滚滚而来。

风水不单对酒店旅馆产生重要影响，对别的建筑房舍都会产生重要影响，这就使世界上许多国家逐渐重视它的重要性，并且逐渐了解它，利用它，改造它和顺应它。近年来对风水学应用较好的国家和地区有日本、美国、英国、韩国、加拿大、新加坡、马来西业、台湾、香港、北京、上海、广东等，风水学之所以会引起这么多国家和地区的重视，原因在于风水文化的特殊性。从慧缘风水学研究成果来看，风水是由地球物理学、水文地质学、环境景观学、生态建筑学、宇宙星体学、气象学、磁向方位学、人体生命科学等多方面的综合学科和知识所构成。这些自然物体产生的物理能量信息作用于人产生的一种综合效益，使人们认识到这些自然物理信息以及大地、山川、河流对人的客观效应，并且注意到利用阳光、气流、地势、色彩、房屋等等自然物理能量的调整，使之更为适合人们心身健康的需要，风水学还满足了不同职业，不同文化层次，不同地域，不同肤色等方面的人们在变幻莫测的大自然和人类社会竞争中，为了避凶趋吉，招财进宝，升官晋爵，延年益寿，家业兴旺等方面的心理需求。并且在人们心理和精神上产生良好的安慰和激励作用。而酒店的风水好坏对人们产生的作用远大于此。因为风水的好坏直接影响酒店的经营效益，因此至关重要，必须加以重视。

1、酒店选址

酒店的选址非常重要，这是酒店将来经营好坏的关键。综合起来有以下五项原则。

（1）风水学要求

按照风水的要求，首先要察看酒店的地理位置、道路交通、气候气象、地磁方位、环境景观、建筑类型、水文地质，以及地表情况。地表应该清爽整洁，如果地表不好，或低洼，或散发臭气的地方都为不吉，应尽量避免。

（2）城市类型

对将建设酒店的城市类型作一评估。就一个城市性质而言，有大量批发商品销售的商业型城市，是建造酒店旅馆的理想地点。在观光城市，也是建造酒店的理想城市，不过有一定的季节性。而消费型、生产型的城市对酒店需求就不如商业观光型城市。另外，还应从全国或大区域看城市的地位，以及与周围城市的关系等。

（3）城市人口与交通

应调查该城市的居住人员情况，经济人口和流动人口情况，应该是以人气旺为佳。铁路、航空及其他交通乘客的流动数量，交通的发展及可能改变的规划，交通枢纽及交通工具的变化等。

（4）选择地段和区域

城市中的地段和区域各具特点，如有需要提供住宿餐饮服务等各项设施及活动场所，就有酒店旅馆的客源保证。对这些设施与场所的现状与发展作出分析是地区评价的内容之一。除此之外，还要察看区域内的风景游览、文化活动、宗教活动、娱乐活动、体育活动等等。这些因素的规模、数量、大小，对酒店旅馆的建造很有参考价值。

（5）同行竞争

在摸清以上情况的同时，还应了解该区域内现有的酒店旅馆设施情况与竞争对手的经营特色与状况：是否有新建酒店的规划，以及区域内饮食设施、规模特色、营业时间、顾客层次、消费单价、营业额、菜系和菜单内容等。

2、酒店的性质和规模

在酒店的风水学研究中，还要对其性质和规模进行拟定。根据市场调查和基地选择结果，根据主要经营方针，拟定接待旅客的层次、管理水平及酒店名称的吸引力等，来确定酒店的性质、等级、规模与结构。应尽量符合所选定的基础，一旦发现不足应及时对其进行调整和完善。

（1）性质与等级

酒店的性质等级，是根据上述多方面因素而确定的，其中相当一部分取决于风水位置与客源分析。国际上旅游业发达的国家，如法国、瑞士、西班牙、日本等多数以二星、三星级酒店为主，迎合国际国内大众旅游者的需要，就连香港二星、三星级酒店也占60%左右。当然，在大城市或者世界著名旅游名胜区，四星、五星级酒店的生意也会很好的。因此，酒店需根据包括城市特点在内的各种因素来决定其性质和等级。

（2）规模与结构

酒店规模的基本指标是建筑面积和客房数。这一方面取决于市场预测，同时也取决于基地条件、道路情况、地区类别。规模的大小，还应结合客房和其他部分按比例决定。

不同性质等级，不同经营方式的酒店，比例都不同。一般来说客房面积和其他配套面积各占50%为妥。

酒店的结构也由市场需要、经营方式和等级等来决定，除客房部分外，其他公共活动部分和饮食部分也占很大比例，高级的大型酒店应设有餐厅、商场、会议厅、游泳池、健身房、文化娱乐等各种设施，在餐宴内部还分不同的特色菜系、不同规模的厅室等。

从经营角度讲，酒店由收益部分和非收益部分构成。当总建筑面积确定之后，面积结构应精心安排以下几个部分：客房部分包括单床房、双床房、双人床房、各种套房等。餐饮部门包括主餐厅、副餐厅、主酒吧、俱乐部、鸡尾酒室、咖啡室等，另外应包括与宴会有关的大、中、小宴会厅；其他营业部门，包括会议室、健身设施、桑拿、美容、游泳池、洗衣部、商业中心等。

非收益部分包括，大堂、总服务台、办公室、行李房、电话总机室、电脑室、仓库、更衣室、医务室、职工食堂、锅炉房、停车场、洗车场等，以上这些应请专业人员按风水原理设计建设为好。

3、酒店的风水设计

酒店的风水设计与基地环境密切相关，基地环境包括城市设计的要求与约束，周围建筑的历史文化，基地的地形地貌，主要景观、道路、水流，以及酒店各部分布局以至形体造象适应的问题。

还应考虑地基的承载力，地下水质、土质，基地周围建筑物的方位、型体、日照阴影、出入口、噪声源、外装修用材与色彩，与基地邻接的道路等。建于山坡地的酒店旅馆，还必须勘察山脉地理地质、山崖、山洪山水的影响，位于河、湖、海边的酒店旅馆则应勘察调整最高水位、最低水位、潮汐影响的范围，还应切实调查主要景观范围最佳视角与视线的高度。

（1）平面设计

平面设计对酒店风水有非常关键的作用。一般酒店的总平面由建筑小广场、道路、停车场、庭院绿化、小品雕塑、室外运动场和后勤内院所组成。

现在许多大城市用地较紧张，在总平面设多层车库以解决停车问题，如上海太平洋饭店、南京金陵饭店、深圳阳光酒店等，国外有的酒店因基地面积有限，则在房顶平面设网球场、游泳池、屋顶花园等。

平面设计中还应争取良好景观效果，提高环境质量，良好的景观会给住店的客人提供一种美好的心身调养，使之留连忘返。酒店的生意必然会兴隆发达。景观并非只指山河湖海等自然景色，还包括人文习俗、历史文化、名胜古迹，与周围建筑物形成的视觉形象。

日本东京的新大谷饭店位于东京皇宫御花园一侧，东为清水谷公园，西为元赤坂绿化区，饭店本身有大花园，在繁华的大城市中，可贵的大绿化景观为饭店赢得客人的普遍赞誉。其客房出租率一直名列前茅。

位于上海的波特曼大酒店、花园饭店、锦江饭店、香格里拉大酒店、希尔顿大酒店、上海宾馆等，周围有许多二三十年代的坡顶新式里弄与庭院绿化相衬，当客人在客房俯视远眺时，上海近代和现代建筑那丰富活跃的屋顶与天际线和谐地显现着东方大都市的独特风格，令人难忘。

深圳的深圳湾大酒店，位于著名的旅游景区民俗村之侧，东西两边不远处还有世界之窗和锦绣中华，在这些景区没有完全建好之前，生意一直非常清淡，多年亏损。自从这三个旅游区建好之后，酒店的客人很快就多起来，有时甚至天天客满，财源自然滚滚而来。

我国近年来新建的风景区的酒店，如武夷山庄、黄山云谷山庄、张家界青岩山庄、无锡太湖饭店，还有香港九龙尖沙咀的许多酒店，意大利的蒙特罗旅馆，都是使建筑与环境结合成整体，而客房与公共部分又有深远美丽的景观，都能吸引大批宾客入住，生意当然很好。

在形态设计上，为防止损害自然风景，应该重视其造型和色彩等。在日本著名的风景区琵琶湖边，高38层的大津王子酒店用月牙形塔楼，全玻璃幕墙将湖光山色融为一体，使人感到自然美观。

从风水学讲，酒店外观应以阳性格调为主，不宜用深沉的阴性色彩，这样阴气太重，使客人有一种压抑感。

外观设计中，酒店的大门口，是至关重要的，酒店的生意好坏，这个部分能产生三到五成的作用。因此，必须非常重视门庭的风水设计。大门的形式设计应符合当地的气候条件、民族习惯、宗教信仰、磁向方位、酒店等级的要求。如香港九龙半岛大酒店大门装饰得很有现代气魄，在门口却树立着一尊高大的中国民俗的门神，似乎很不协调，但这尊门神很有来历。原来半岛酒店的前面是老火车站的旧址，拆掉后建成了香港文化中心和太空馆。太空馆是蛋形建筑，它正对着半岛酒店，据说住店旅客在半夜时经常看到鬼怪出现在这座蛋形建筑物上面，好像一座大坟墓。这样一来，吓得许多旅客不敢来住店了，酒店老板开始不信，一门心思改善经营管理来扭转不景气。但几经努力都不成功，无奈，他只好按照风水家的旨意，请门神来驱鬼。果然，从此以后酒店的生意又兴旺起来了。

另外，不同等级、不同经营特点的酒店大门的大小、位置、数量都是不同的，重点是要进出通畅、舒适，外观引人入胜，并且显示出旅馆的独特标志或文化特色。另外，夜间门厅的灯光设计应格外吸引人。

门厅称大堂，门厅的功能由出入大门区、总服务台、休息区和楼梯、电梯组成，大堂应以宽畅明亮为主格调，装饰摆设与主格调相配，可以体现出当地特色，如果大门前有冲煞信息，那就应该在大门口安放石狮子，在大堂内摆放避煞招财之物。一般是五个或八个金色石英钟，或是神佛，或是大象等，这要根据具体情况而定。

大堂比较大时，应设酒吧或咖啡厅。一来是客人会客休息之处，二来也给酒店增加收入。

大堂装饰灯光也非常重要，我看过许多大酒店大堂风水，我认为香港的香格里拉大酒店、天津的喜来登大酒店、海南的金海岸大酒店、北京的王府饭店、北京的京广中心大酒店、马来西亚的云顶大酒店等等，他们的大堂设计都很符合风水要求。因此，对客人都有很强的亲和力，生意也是很好的。

(2) 内观设计

内观设计在酒店风水设计中也是十分重要的，其主要内容以客房设计为主。客房的设计风水好坏，直接影响酒店的形象和出租率，客房的层高一般以2.8米左右为好，太高有空虚感，太低有压抑感，房间内的装修一般浅色格调为主，特别是从1990年到2010年之间，浅色格调的信息助财运，应尽量使每个房间朝向都好，争取都有阳光、好景观，使客人感到安逸舒适。如北京首都大饭店、上海新锦江大酒店、深圳湾大酒店、香港文华大酒店等等。

内观设计中还有一个重要的内容，就是卫生间设计。卫生间是客房风水的一个重要部分，因为它可以直接影响客人的健康。卫生间的基本功能是：向客人提供盥洗、梳洗、入厕、沐浴等个人卫生要求。卫生间要求方便、紧凑、高效、舒适、明快、清洁，装饰也应以浅色明快为好。此外，卫生间的门不可以对着床铺。在卫生间摆放小型绿色花草可以提高整个客房的风水效果。

现在世界各国的高、中、低档的酒店都很多，有的宾客如云，有的门可罗雀、经营蚀本。这个除了经营者的方法和运气之外，酒店的风水设计非常重要。以我多年的研究发现，风水学是一门自然科学，它是自然界各种物理能量在某种事物上的体现，绝不是迷信。现在许多国家的自然研究机构都把风水学当作一个重要的课题去研究，并且取得了很好的社会效应和经济效益。我在此希望各界朋友、各位学者共同去了解自然、利用自然、改造自然、顺应自然，使风水学这门综合性的自然科学更好地为人类造福，为人类带来无限的财富、健康和幸福。

十四、宗教寺庙建筑与风水

在中国，宗教不仅仅止于哲学和思想的观念，更多的是一系列的礼法、仪式、献祭、禁忌等文化内涵。因此中国的各门宗教融进了大量的礼法。风水学也是这时进入了宗教领域，往往还能左右寺院的有无与盛衰。这里主要论述道教、佛教建筑与风水的内在联系。

1、道教建筑与风水

（1）道教与风水同源

作为中国土生土长的宗教，道教与风水关系十分密切，因为二者有共同的生成背景与思想基础，如古代的民间巫术、神仙传说、阴阳五行八卦学说等等。《易经》更是它们之间强有力的纽带。使他们在诸多方面相吻合：对自然之“生气”的热烈向往；对宇宙图案神秘附和；对色彩、方位、数字的特殊处理；对人体结构的抽象模拟……甚至风水的经典之一《宅经》也被收入《道藏》。而风水关于最佳环境模式的描述中所用的四灵——青龙、白虎、朱雀、玄武，则又是道教的保护神。尤为人晓的是两者对巫术的一致运用，道教的斋醮、祝咒、符镇同时流行于风水中，可以说风水的符镇手法与道教的“符”同出一辙，都是将神力以“符号”的形式附在所要保护的物品之上。如道教和风水中都注重镜子的使用，道士以为镜子有神秘功能，故将之收入道教万宝囊中，烧丹、作法皆要悬镜，并有不少道士写书说明镜子的用法；风水同样觉得镜子有奇特魔力，常将之悬于住房的门头，谓之曰神鉴或照妖镜，可以驱凶避恶。如此等等巫术的运用不可胜数，无怪乎许多地区都称看地相墓的风水地师为“道士”，而真道士往往也使用如上的一些灵术替人探风水祛灾消病。特别是一些营建祭祀仪式，竟非道士主持不可。

但是，决不可因此简单断定它们之间有一种渊源关系而误以为风水源于道教，事实上它们如同姊妹般平行发展，互相渗透。这种渗透给我们今天研究“风水对道教建筑的影响”这一课题带来很多困难，因为有许多理论在今天已无从分辨是属于风水或属于道教。同时风水和道教又保持各自的特性。表现在以下几方面：

宗旨不同

道教信仰的宗旨是追求长生不死，得道成仙，笃信通过修炼而超凡入仙，其特性说到底是超世俗的；而风水追求的却是地地道道的人间尘世，是家代的繁昌，其永恒性通过一代代的繁衍实现，故住宅要六十年有一次修建，称作续气。从而保证家道的传承。

思想方法不同

道教视“道”为超越形器的宇宙最高法则，突出“道”的超越性、绝对性和神秘性，“道”变成具有无限特性的抽象形象；而风水的思维方式总是要化抽象为具体，其最高原则是“生气”，终究要转变成具体之理、具体之形。

对象不同

道教讲究摄生养身、烧丹羽化，从而获取人心与身的健康长寿以达到白日升仙，故特别着重于人身的内部“研究”。以为人身即通乎宇宙的生命流行，人身之中已有阴阳八卦演变的法规。其道观选址考虑的青龙、白虎等四兽式地形，只不过是为求升仙的守护神的象征，其对自然环境的取舍亦是围绕着能否成真人而展开，一旦修成真人，便舍去一切；而风水则着重于自然界与人的协调，通过对人的外部世界——居住环境的考察，建立人与自然界的良好关系从而保证人的健康与心理满足，其核心是如何选取人在自然界中生存的最佳位置，以获取大自然的庇护与恩宠。

这么一种奇特关系，致使一方面道教藐视风水，一方面又与风水有着天然缘分。主要表现在道观选址附会风水说法，风水则利用道教在民间的神圣影响、借道教的斋醮仪式、画符念咒以及道观、青坛、素塔作为符镇。下面择要谈道观的选址。

（2）道教宫观选址

道观的选址几乎无一不以“四灵兽”式为准则，如安徽齐云山的太素宫，左有钟峰、右有鼓峰、背倚翠峰、前视香炉峰。江西龙虎观左为龙山、右为虎山。尽管道教里以四神兽为保护神，但我们仍以为这种地形模式的选取与风水的影响有关。早在管辂时代，风水即开始将四神兽比拟四周地形，而道教以四兽作为保护神却在李唐之后。事实上，在一些有关道观四周环境的描述中堆满了风水名词，如《穹窿山志》卷四“形胜”中关于大矛、二矛、三矛峰的描写即是。如三矛峰为戌龙结穴，“大峰刚直，二峰峻急，开帐出峡，顿断再起，星峰体秀身圆土石和美者是三矛峰，右臂石骨东行转身作白虎案是名，岗上真观三楹，旧基在三峰之下，压于当胸之白虎，向为庚申，堂局倾泻，香火几绝。”于是，施师苦行曰：“就峰前高处立基，而以尧山最高峰为对眉研，明堂开旷，白虎伏降……左臂就本山势迴拱如抱，故以山口入者不见殿场，从殿场出者不见水口……前以生动性尧峰、皋峰、九龙诸山为列屏，而上方一山固捍门锁钥也，……而香山胥口则巽水从入之路也。”虽然没有明白说明是否受风水指导，但其思想来源明显出自风水。细观《穹窿山图》，感触愈深，尤其是水口的设置亦位于巽位。

但道教的特性又使其基址在如下几方面超脱于风水：

名山

道教的特殊活动如烧炼外丹，使得道观追求基址落位于名山，因为非名山无以成仙丹：“凡古之士，合作神药，必入名山福地，不止小山之，何则？小山无正神。谨按山经云：可以精思合作神药者，华山、泰山、霍山、恒山、嵩山，有正神

齐云山太素宫

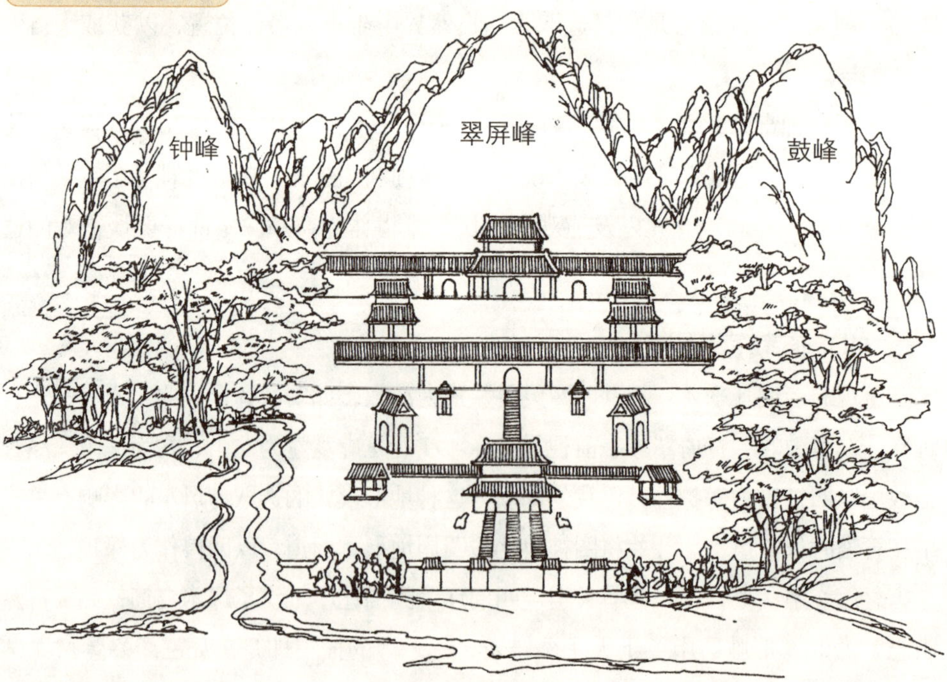

三茅峰形势图

在其中……其药必成。”（《西岳华山志》）

山巅

道教以为山巅与天接近，山峰的凸点是天与地交汇处，最利于升仙，因此道教赋山以种种神秘色彩，亦爱建道观于山巅，此时并不受风水学关于落位于山之重心位置说法的限制。

2、佛教建筑与风水

佛教是一种外来宗教，正因如此，我们更易于发现风水在佛教寺院所留下的痕迹，可以说俯拾皆是。

（1）关于选址

几乎每一佛寺志中都有关于其寺后倚之山的“风水式”的详尽描写，请看如下二例：

《慈溪保国寺志》卷一“形胜”条曰，古灵山：“推其发脉之祖，乃从四明大

保国寺形势图

兰而下，至陆家埠过江百余里凸而为石柱山，为慈邑之祖山，转南折东崔嵬而特立者，贸山之顶也，顶之下复起三台，若隐若状，越数百丈为寺基……又名八面山，堪舆家谓是山乃西来之结脉处。”

《虞山兴福寺》卷一“李杰重建空心亭记”条曰，虞山：“为海隅之镇发脉，自北而西迤逦南迈，其首则邑治在焉，其中支最为深秀，以山形磅礴，环抱灵气所钟也。旧有寺曰破山，今称兴福。”

如果说这种有关龙脉的记载只表明风水的一种无形的影响，则《普陀洛迦新志》卷八向我们展现了风水对佛寺龙脉保护的直接作用：“后山系寺之来脉，堪舆家俱言不宜建盖，常住特买东房基地，与太古堂相易，今留内宫生祠外，其余悉栽竹木，培荫道场，后人永不许违禁建造，其寺后岭路亦不得仍前往来，踏损龙脉。……犯者摈治，”“凡本寺前后左右山场，不但不可侵渔，且风水攸关，竹木务悠久培荫，开石取泥，俱所当慎。”

更为奇特的是《天台山方外志》与《明州阿育王山志》是关于山源的考察，几乎是对风水理论中的名言“乘风则散，界水则止”的注解和进一步论证：“山有来脉，水有来源，犹人身之有经络，树木之有根本也，水以地载，山以水分，考山犹当考水，知水之所由，后能知山之发脉也。”故堪舆家之言风水云：“乘风则散，界水则止，山岂为风水之止散？盖山之为气，风则散，水则止耳。”

对山、水关系的表述也与风水理论相合，尤其是关于气非在山之位置最高处相聚的说法颇有道理，也许用此可以解释为什么佛教建筑很少立于山顶之上。

在佛教对风水名言推崇的同时，风水也对佛教的“四大”倍加赏识：“夫火水风皆气之化，而地形实孕焉，释氏四大假合之论，其穷格非世儒所能悉，可谓精矣。”

佛寺选址的总原则亦是“四灵兽”式模式，可用下面两句话形容其特点：“环若列屏，林泉青碧。”“宅幽而势阻，地廊而形藏。”图中所示的一些佛寺环境莫不如此，这种追求固然与佛教所追求的静修教义及佛教徒的生存需要有关，却也离不开风水潜移默化的观念上的影响。

事实上，借助风水确定寺址的例子很多。如天台山之僧昕大智寺：“师拽杖如之，而溪山闼，一峰孤秀，赏而面势宽广，远山矗立，绝喧尘，离溃闹，卜之曰：吉。”又如宁波保国寺址的选择虽然没明确记载是否受风水的影响，但观其形势，不得不佩服其选址者的风水修养。过石牌坊之后沿山回转，跨仙桥，却是象峰狮

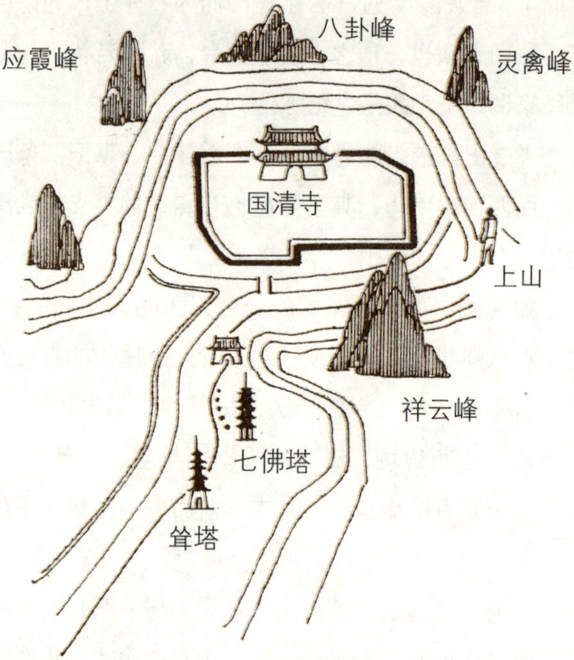

国清寺的佛寺环境

岩，而寺却仍只若隐若现于云雾之中，图中格局至今依然。

另外，还有两种佛教建筑的选址也颇值一谈：僧徒的居住处（庵）以及僧徒的舍利塔。

庵，如普陀法华洞庵："北京正音和沿来，欲卜居此山，……此后为正音之子孙世守焉。"《普陀洛迦新志》卷五"梵刹门第五"。又如普陀吉祥庵："明万历五年，明潭以内臣出家，卜筑居焉。"《慈溪保国寺志》还有慈溪保国寺："显斋禅师……与曾孙唯庵卜居于法华之侧。"

舍利塔，如天童寺寄禅和尚："维持天童，十有二年，向爱此山……每欲择地藏骨，以了夙愿，曾卜塔基于玲珑岩上，……越二年，有沩山僧者云善青乌术，来游天童，寄公闻之，喜，请再择地寻穴，至青龙岗，指为吉地，寄公亦以为可。"《天童寺续志》卷下"辖丽考第十九"。此附近又有净心上人"卜地放羊山，营建堵坡，为将来大寂灭场"。又如虞山藏海寺大觉禅师"因卜葬海禅院之后，建塔，而是院遂开法接众"。

尽管佛教标榜"净法界身，本无去来，大悲愿力，故现生死，去来不落于常情"，但佛教圣徒们却仍然为自己的寂灭之场大费心力，也说明了风水对佛教的强

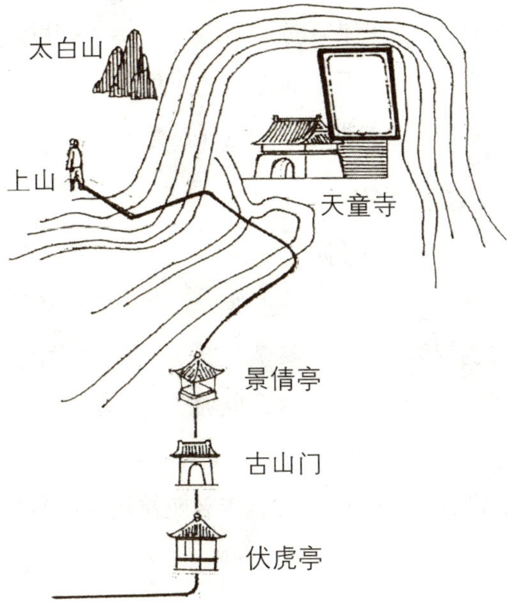

天童寺的佛寺环境

烈冲击与渗透。而且僧人善风水者也不乏其人，可知佛教与风水合流。

（2）关于布局

风水对佛寺全局的作用从两个层面上展开：

寺院的世俗部分："安灶与俗家作灶同，监斋司不可朝内逆供，须奉祖为吉，如逆供主有口舌，出人忤逆……"可惜对于这一部分今天已无从考察。只知与世俗的民居要求无异。

神性部分：尽管佛教持其无上的神性往往不屑于风水，风水却固执地干预其寺院布置："寺院又为护法山，或有竹木高墙尤为得宜，一切寺观庵宇以大殿为主，大殿要高，前后左右要低，如后殿高于大殿者，为之欺主……殿内法象以佛相为主，故佛相宜大，护法菩萨相宜小，若佛相小亦为欺主。"（《虞山藏海寺志》卷下"法统三"）考察明代之后寺院布局的演变正是佛殿的地位日趋突出。虽无足够理由把这种演变的原因全部归于风水，但这种提倡佛殿为主，要体量高大的说法，至少有促进这种演变的作用。另外风水还对寺院的开门之法有所规定："亦依《八宅周书》例，然佛门以艮震巽离坤兑七山可开正门，惟乾山一局，辰、巽、巳三向不可开正门，或从青龙首乙位出入，或从白虎首巳土开门，谓之福德门，最吉。”（目讲僧《地理直指原真》下卷下贞“天井放水，作灶要诀”）

我们今天也同样很难找到此种规制的完整遗留，但可从一些寺志的记载里，从残旧的庙宇里拾取半鳞却也分外有味。

(3) 关于“门向”

浙江舟山普陀法雨寺，“旧入寺者，路从西，地理家谓生气东旺，故改于东首，建高阁三间，供天后像，凭栏一望，海天万里……”（《普陀洛迦新志》卷五“梵刹门第五”黄应雄撰“重建普陀前后两寺记”）。这种改动的客观效果大大增强了寺庙入口的序列感，越桥过溪后，步层层石级，曲曲折折进入高阁，转而再入寺，如此丰富的外部入口空间将寺与自然的山、海融为一体。

浙江天台山国清寺，与普陀法雨寺颇有异曲同妙之感，同样将寺的门偏向东南，如图所示：

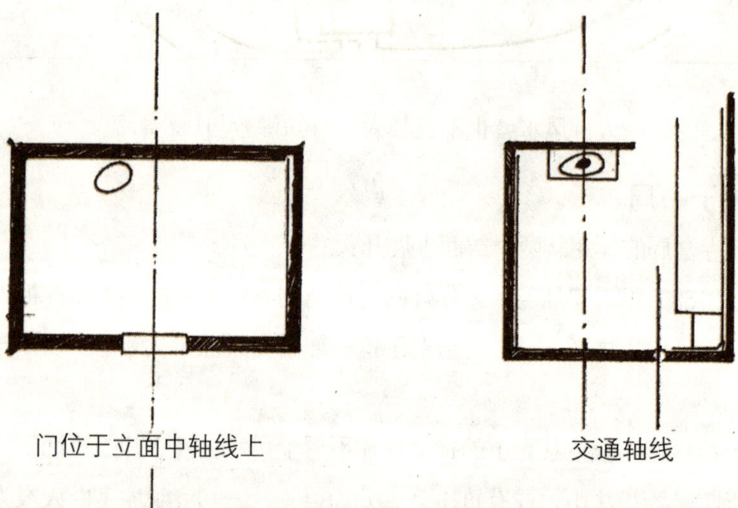

九华山万年寺寺门的特殊处理示意图

不过这里的说法，却是因为祥云峰较高，故而将门侧偏。

不管说法如何，这种改变门向的作法确实能够使建筑群体与自然相融。

关于“门向”的决定，还常常与当地的风水观念相合：

风水学观念中，为了保证“气”的通畅，“门向”与“气口”关系密切，即门向总是要朝向“气口”。所谓“气口”，指的是寺院前方群山的开口处或低凹处。风水学认为正是此处为一寺院希望的希望。为了追求这个希望，最方便而最常用的方法是通过门向的偏转使门与这一开口处相对。如安徽九华山古拜经台寺，背倚天台峰，左鹰峰，右金龟峰，前地观音峰，四面环山，只在观音峰与金龟峰之间有一狭窄的谷口，因地势所制，该寺的平面狭长并且朝向无法正对此谷口，这时依照“风水”说法将寺门偏斜朝向这一谷口（“气口”）如图：

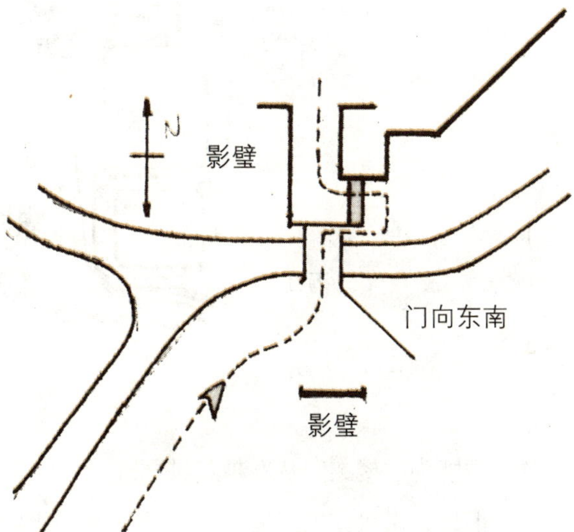

国清寺入口示意图

又如九华山六庙田广发禅院的大雄宝殿入口，亦作偏转，以遥对远处的低凹山峦（“气口”）。如图。

这种转门向的作法，无疑为众山所围的僧人们提供了一个可以赏景的立足点，并且从这种开敞中得到无穷的启示。也使建筑、自然、人协调起来。

（4）关于建置

浙江天童寺：“太白一峰高压千岭，雄尊突秀，为一郡之望，绍兴初，宏智师正觉欲撤其寺而新之，谋于众。有蜀僧，以阴阳家言白献曰：此寺所以未大显者，

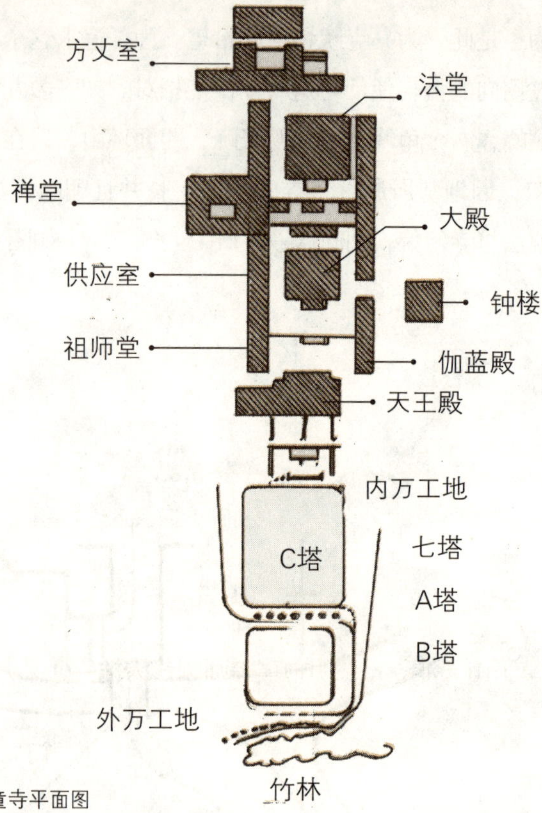

天童寺平面图

山川宏大而栋宇未称，师能为层楼杰阁从发越淑灵之气，则此山之名，且将震耀于时矣。觉突然之，乃招旧址，谋兴作内外鼎新……极崇侈，门为高阁，延袤两庑，铸千佛列其上，前为二天池，中立七塔，交映澄澈。”对于这天池与七塔，有文进一步描述：“路径如斗形，双池并突，中筑七塔以象斗”、“形家云：两池象斗，七塔乃七七星之象”、“七塔，四白三赤，白以后水，赤以厌火。”（《天童寺志》卷二“建置考”、卷七“塔象考”）原来这七塔还有厌胜的作用，至今七塔尚存。如图所示：另外我们考察天童寺还有一奇怪发现，该寺无鼓楼，同样归之于风水：“禅堂在迴光阁东，凡七间，两偏各一间，高广溢于西制，中设初像，钟楼在佛殿东廊外，高与天殿等对峙，欲建鼓楼，已庀材鸠工矣，以形家言中止。”（《天童寺志》卷二“建置考”）至于什么形家作如此言，目前尚无发现进一步记载。伫立该寺院当中，也无能发现这不能建鼓楼的原因。却在离天童寺不远的阿育王寺发现同样的不建鼓楼的形制，抑或出自同一形象家之言。

安徽九华山万年禅寺基址偏右处突出一浑圆岩石，当地人称为“龙头石”，形势派谓之地脉的源头，故予以保留。并将神圣的佛龛建于石上，随之殿堂内部以此石为轴线，为保证室外内空间的对称，在左边以板壁隔出一间为客堂。

该寺室内外矛盾：外部对称，门位于建筑立门中央，而从内部看，门又偏于大殿一角，风水与伦理等级观点各行其是。

一些寺庙还受风水“水口”观念影响，同样设置类似于村落水口的“水口寺”、“水口庵”等，对水口处地形要求亦与乡村的水口要求类似，同样要有两山把守、碧流环流等等。

（5）关于建造“时间”

佛寺不仅在布局上、选址上听风水师的指导，就连营建的时间也时常经风水术士推算。

浙江普陀前后两寺：“卜秋九月十有九日是吉。”

浙江莫干山天池寺：“明抱璞禅师创修天池寺，某月日时大殿上梁，日者言不利于师，当避，其夕返宿净名庵中，夜分兴起篮舆上天池，以为时已过矣，甫至山中，闻工师高唱，正下梁时也，果以是日疾，仍还庵中，数若先定。”（周庆云《莫干山志》卷五“寺庙”）

以上简单叙述风水对东南地区佛寺的影响，至于北方寺院与风水的关系，笔者限于研究条件，此处从阙。

“风水”是强有力的，在广大的东南地区，它以乡村为中心蔓延渗透到传统建筑的各个方面，就连不食人间烟火的宗教圣地，也免不了风水学的影响。这不仅导致了东南地区乡村村落外部环境的同构、内部空间布局的相似，也使传统建筑的各种类型都呈现出同构倾向。

风水促进了建筑、人与自然融合。

风水赋予建筑隐喻、象征。

风水给建筑带来美妙的传说。

风水更让人生出无限的希望。

十五、植物花草与风水

作者认为，有些植物花草与风水的调整很有关连，这在很多风水古籍中均有提及，兹择录数段如下：

“凡树木向宅吉，背宅凶。”

“住宅四畔竹木青翠，财运好。”

“中庭种树主分矣，门旁种枣喜加祥；庭心种木多闲困，树植庭心主祸殃。”

从以上所言，可知传统的风水学对于住宅附近的树木种类，以及种植的位置均很讲究，主要是认为这会对家宅的风水产生影响。

但以上所提及的树木，均是室外植物，而室内植物则另有道理。

作为风水之用的室内植物可分两大类，一是用作生旺的常绿植物，一是用作化煞的仙人掌类植物。

这两类植物必须分别清楚，因为它们的功用各有不同，所以摆设的方位亦会有差异；倘若混淆不清，那便很可能弄巧反成拙了！

下面谈谈其中的奥妙。

请务必紧记以下的一个主要原则：

在“旺位”放置大叶的常绿植物，在“衰位”放置仙人掌有刺类植物。

只要能够把握上述的要领，便不致吉凶混淆，至于那些不旺不衰的普通方位，一般来说，放置任何植物均没有多大影响。

在当旺的方位摆放一些厚叶或是大叶的常绿植物，这便可收“生旺”之效，增加家宅的财气。

举例来说，铁树、橡树、喜树蕉、黄金葛（又名万年青）这类常绿植物就甚为理想。

除了以上提及的四种植物外，其余如宽叶榕、散尾葵、虎尾蓝、富贵竹等，也有“生旺”之效。

我个人对竹情有独钟，这不单只是因为竹青葱脱俗，而且还因为它是平安的象征，故世俗有“竹报平安”之语。

《阳宅大全》亦有这样的记载：“住宅四畔竹木青翠，财运好！”综合而言，竹的确是观赏及风水均甚适宜的植物，若在旺位挂上“竹画”亦可。

在“旺位”除了可挂竹画外，同时亦可挂牡丹画，牡丹素有富贵花之称，不单色泽艳丽，而且形状雍容华贵，故此一直被视为富贵的象征；所以在当旺的方位挂上这富贵花，可说是锦上添花。

谈过“旺位”如何利用植物生旺，接着谈谈“衰位”如何利用植物化煞。

一般来说，“衰位”适宜摆放有刺的植物，例如“龙骨”、“玉麒麟”，以及各式各样的仙人掌，或是“玫瑰”及“棘杜鹃”均属此类，这些仙人掌类的有刺植物，倘若摆放在衰位或凶位，在风水学方面有“化煞”的作用。

十六、生财旺位与财神摆设

1、生财旺位

所谓“财位”，风水学派有很多不同的说法，有人认为财位是在大门的斜角位，有人认为财位在房内的三白位，即一白、六白、八白三个飞星位，有人认为在2010年至2030年这20年间，东南方是当旺的财位。

中国风水学既有科学的内涵，又有艺术的精髓，因而它是科学与艺术的综合产物。难怪美国罗丝巴哈女士的风水专著以《风水——中国的方位艺术》来命名。她已经认识到了风水学是介于科学与艺术之间，而这一个民族的信仰和风俗有着血肉联系，财位的摆设就不可避免地流露了这点。

港澳台及东南亚华人地区，很喜欢在财位摆上大盆茂盛植物及福、禄、寿三星瓷像，认为那个神圣的方位有财神光临，是否真有财神降临，姑且不去研究，起码从心理学上讲，笑眯眯的彩陶艺术，令人高兴，不愧为吉祥物。

摆一大盆大叶茂盛植物，倒颇有点科学的韵味，至少它可以产生出对人有益的氧气。在现代找矿方法中，有一种以植物分布来发现地下宝藏的绝活，这的确是科学。北京等地的化工厂、钢铁厂，厂区的花草树木，大多细弱枯黄或者死亡，这就是由于工业废气对植物树木作用的结果，属于环境风水科学的范畴。

看来，植物的枯荣反映了天地之气和自然环境的异常。所谓“天人相应”理应包括天与植物的相应、天与动物的相应，否则，唐山大地震之前，为什么泥鳅、鸡、犬等动物都那样不得安宁呢？

如此看来，摆放在吉气场的大叶植物，是“寒暑表”和“监测器”，其枯荣亦可告知主人财位气场的变化和室内空气信息的变化。难怪风水中强调保持财位大叶植物之茂盛，说是财源之象征，看来并非故弄玄虚。

但是，财位及摆设，只能是助经营者一臂之力，勤劳致富才是发财的座右铭，切莫忘记。

此外，欲求财运亨通，我认为应该做到财位的五宜六忌。

(1) 财位五宜

(一)财位宜亮：财位宜明亮而不宜昏暗，明亮则生气勃勃，故此财位有阳光或灯光照射，这对生旺大有帮助。

(二)财位宜生：所谓“生”，是指后机茂盛，故此应该在财位摆放常绿植物，尤其是以叶大或叶厚的黄金葛、橡胶树及巴西铁树等最为适宜；但要留意，这些植物应用泥土种植，若以水来培养则不宜。

财位不宜种植有刺的仙人掌类植物，否则便会弄巧反成拙。

(三)财位宜坐：在风水学来说，财位是一家财气所聚的方位，故此应该尽量加以利用，例如把沙发椅放在财位，当一家大小坐在那里休息谈天时，可以多沾染那里的财气，便自然会家肥屋阔。

此外，倘若把饭桌摆入在财位亦甚适宜，因为这会令一家大小均受其益。

(四)财位宜卧：人约三分之一的时间用在睡眠上，故此睡床方位的吉凶对运程有很大影响。倘若睡床摆放在财位，日夕在那里躺卧，日积月累，自会对财运大有裨益。

有些人误会，以为睡床是沉重的家具，可能会压损财位。故此不敢把睡床摆放在那里，其实这是浪费了财位。

(五)财位宜吉：财位是旺气凝聚的所在地，若在那里摆放一些寓意吉祥的物件，例如是福、禄、寿三星，或是文武财神的塑像，这会吉上加吉，有锦上添花的作用。

(2) 财位六忌

上篇谈过如何积极地去生旺财位，但不能只是报喜不报忧，所以这里便和各位谈谈财位的六点避忌，希望多加留意，以免损害家宅财运。

(一)财位忌压：在风水学来说，财位受压是绝对不适宜的！倘若将沉重的大柜、书柜或组合等等压在财位，那便会对这间房屋财运有损无益。

(二)财位忌水：有些人喜欢把鱼缸摆放在财位，其实这并非适宜，因为这样无异于是把财神推落水缸变成了“见财化水”了！有人认为鱼缸的气泵有激旺财位的作用，但我对这种说法却不敢苟同。

财位忌水，故此不宜在那里摆放水培养的植物。

(三)财位忌空：财位背后宜有坚固的墙，因为象征有靠山可倚，保证无后顾之忧，这样才可藏风聚气。

反过来说，倘若财位背后是透明的玻璃窗，这便非但难以积聚财富，而且还因为泄气，所以往往会有破财之虞。

（四）财位忌冲：风水学最忌尖角冲射，故此财位附近不宜有尖角，以免影响财运。

一般来说，尖角愈接近财位，它的冲射力量便愈大。所以在财位附近，应该尽量避免摆放尖角的家具杂物。

其实，无论是为了风水，或是为了家居安全，应该尽可能采用圆角家具。

（五）财位忌污：倘若厕所浴室刚好位于财位内，那便十分可惜，因为这不但使财位不能招财进宝，反而会令家财损耗。

此外，倘若财位堆放太多杂物，那亦绝非所宜。因为这亦会污损财位，令财运大打折扣的。化解之法，当然最好是把财位收拾干净。

（六）财位忌暗：财位宜亮不宜暗，因为财位明亮则生气勃勃，昏暗则暮气沉沉，所以财位倘若缺少阳光，那便应该多安装光管和电灯，借此来增加明度，这对财位大有益处。

安装在财位的灯，一般来说，数目应以一盏、三盏、四盏或九盏为宜，而光管亦是以这些数目为宜。

说起来，岂只财位忌暗，其实房屋各处也不宜昏暗，但可惜中国一般的传统房屋不重视采光，以致严重影响了中国人的健康和生计。

2、财神摆设

在中国传统民间观念中，认为财神是掌管天下财富的神祇；倘若得到他的保佑眷顾，便肯定可以财源广进，生意兴隆。

因此很多人为求心安理得，往往会摆放财神的像在家里，希望求取好兆头。而有些人更是朝夕上香供奉。

但很多人均有同一疑问，便是民间流传的财神有很多种类，到底哪一种才适合自己摆放或是供奉呢？

民间流传的财神虽然很多，但大致可分为文财神和武财神两种。

（1）文财神

文财神有二，分为财帛星君以及福禄寿三星。

（一）财帛星君：他的外形很富态，是一个面白长须的长者，身穿锦衣系玉带，左手捧着一只金元宝，右手拿着写上“招财进宝”的卷轴，面似富家翁。

相传他是天上的太白星，属于金神，他在天上的职衔是“都天致富财帛星君”，专管天下的金银财帛；所以很多求财的人，对他都非常尊敬，有些甚至日夜上香供奉。

（二）福禄寿三星：“福星”手抱小儿，象征有子万事足的福气。“禄星”身穿华贵朝服，手抱玉如意，象征加官进爵，增财添禄。“寿星”手捧寿桃，面露幸福祥和的笑容，象征安康长寿。

福禄寿三星中，本来只有“禄星”才是财神，但因为三星通常是三位一体，故此福寿二星也因而被人一起视为财神供奉了。

倘若把福、禄、寿三星摆放在财位内，有这三星拱照，满堂吉庆，撇开风水不谈，单是视觉上及心理上也会觉得十分舒服的。

担任文职的，以及受雇打工的人均宜摆放或供奉文财神；至于那些经商做老板，以及当兵当差从事武职的人，则应该摆放或供奉武财神。

（2）武财神

武财神有二，一是黑口黑面的赵公明，一是红面长髯的关公。

（一）赵公明：又名赵玄，是一位威风凛凛的猛将，赵公明这位武财神，民间相传他能够伏妖降魔，而且又可招财利市，所以北方很多商户均喜欢把它供奉在店铺中；而在南方的商户则多供奉关公。

（二）关公：关公原名关羽，字云长，是三国时代的名将。形象威武，他不但忠勇感人，而且能招财进宝，护财避邪。

有一点必须注意，摆放文财神以及武财神的方向有异，必须分清楚！满面祥和的文财神，不论是财帛星君，或是福禄寿三星均应向着自己屋内，而不应向着屋外。否则便会向屋外送财！

至于威风凛凛的武财神则应面向屋外，或是面向大门，这样一方面既可招财入屋，同时又可镇守门户，不让外邪入侵。

（3）神佛的座向

中国人一直是崇拜多神的民族，信仰自由，所以各式各样的神祇均有人信奉膜拜。即使在今日相当西化的香港、新加坡社会里，仍然有很多人保存传统的习俗，在家中摆放神桌，朝夕虔诚上香。

依照习俗，摆放神桌有些宜忌需要注意：

（一）神桌应向大门：神桌是应该正对大门，各位倘若不信，请看天下大小庙宇道观，所有神像均是面向大门，便知此言不谬。

家中除了某些神像应该面向大门，其余的则不需墨守成规；举例来说："关帝"以及"地主财神"是应该向着大门，其他则不必如此。

"关帝"是武财神，龙眉凤目，手执青龙偃月刀，不单威武非凡，而且正气凛然，令奸妖魔望而却步，故此一般家庭大多奉为镇宅之神。若是正对大门便有看守门户的作用。

"地主财神"，全名"五方五土龙神，前后地主财神"。在中国传统社会里，"地主财神"供奉在屋内，与供奉在大门外的"门口土地"，一内一外，作为一间屋的守护神。但现在很多大厦均不容许在公众走廊供奉"门口土地"，因此屋内的"地主财神"便要身兼二职，必须面向大门来阻止妖邪入屋肆虐了！

由此可知，"关帝"与"土地财神"是应该面向大门的。

（二）观音的摆设：有很多人把观音与关帝放在一起来供奉，其实这并不妥当。因为观音是佛教的神，而关帝则是民间崇拜的英雄偶像；而且观音慈悲为怀，戒杀生，而关帝则是嫉恶如仇，在血腥中建功立业！故此把两者摆放在一起供奉，确是格格不入。

上面曾经提过，关帝宜向大门，但观音不需如此。

观音最宜"坐西向东"，此外，因为观音清净无瑕以及戒荤腥，故此有三不向：

一不向厕所；

二不向房门；

三不向饭桌。

倘若能够遵守以上三种避忌，则大致不成问题了。

请注意，观音吃素守斋，只宜用鲜花及水果供奉，因此倘若与其他神祇放在一起，那么其他神祇亦不可用三牲拜祭了。

有些人家把祖先的牌位照片摆放在神桌上，与观音、关帝、黄大仙、妈祖等平排，放在一起供奉。其实这并不适宜，因为祖先只是家神，与这些天神自难相提并论，我认为应该把祖先放在"天神"之下，那便较为适宜！

总括而言，拜神主要是人们要求心安理得，倘若作奸犯科，做伤天害理之事，那么即使拜尽天下神仙，亦始终心中有愧，根本于事无补的！倘若行善积福，即使不拜神像，亦可心安理得，妖邪自会退避三舍的。

第二章

开运改运的化煞工具和用法

影响风水好坏的因素是煞气，风水里的煞可分为形煞、气煞、声煞、光煞、风煞等，虽以形煞居多，但是其他煞气也不能不知。本章将着重介绍风水中的各种煞气和化解工具及方法。

本章导航

一、何为煞气

二、常用化煞工具和方法

三、五大化煞法器的功效与摆放

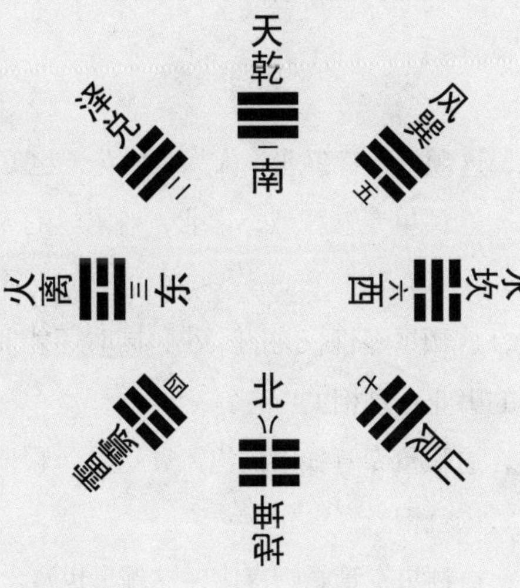

一、何为煞气

勘察风水如同诊病一样，既然看出了有病，就要开处方，就应采用适当的药物来治理，在风水学方面来说，这些药物就是各类风水化煞工具。

现将风水师常用法器的用法详述于下。

所谓煞气分有形和无形两种。有形的是肉眼能见到甚至能触摸到的，例如：屋角、破山、路冲等都是。无形的要算是理气上之煞星，最简单的是飞星派的九宫飞星。九星分别是一白贪狼、二黑巨门、三碧禄存、四绿文曲、五黄廉贞、六白武曲、七赤破军，这七个星宿称为北斗七星；而斗柄破军星与武曲星之间，又有左辅、右弼二颗星，共计九个行星。这九颗行星的运动变化产生的气场，直接影响着地球人类的兴衰祸福，吉凶休咎。由于九星每年运行的轨道位置不同，对于人体的影响也就不同，每年产生吉凶祸福的结果也不相同，这就是所谓的“流年运程”。在这九星中有五颗是吉星，有四颗是凶星。

1、五颗吉星

一白贪狼星：属水，这颗星专管事业、人缘与桃花，也蕴藏大量的财富。

四绿文昌星：属木，这颗星专管智慧、学业，对求学的人以及从事学术研究的人影响最大。

六白武曲星：属金，这颗星专管权力的大小，同时还能催动驿马，同时也是一个偏财星，所以与主人的事业息息相关。

八白左辅星：属土，这颗星专管钱财的出入，这是一颗公认的大财星，飞到哪个方位，哪个方位财富气场就相当聚集。

九紫右弼星：属火，这颗星专管婚姻喜庆，这颗星也富含丰富的财运。

这五颗吉星如果落定的方位得宜，房子的格局与家中的布置包括居住人的命理等都能配合，能给主人带来一年的好运。但是倘若落定的地方不得力，就像无用武之地的英雄，心有余而力不足，毫无作用。万一格局或者布置有问题，还有可能成事不足，败事有余，而辜负了吉星的美名。

2、四颗凶星

二黑巨门星：属土，这颗星会引起身心两方面的疾病，所以又称病符星。

三碧禄存星（又名蚩尤星）：属木，这颗星专会引起口舌是非，甚至会为主人带来诉讼官非。

五黄廉贞星：属土，主凶灾祸患，是九星中凶性最大的一颗星。

七赤破军星：属金，主刑伤贼动、官非、小人陷害。

此等星宿的分布每年位置不同，亦有飞星运盘之星宿每二十年变更一次，因此应以专门的化煞方法对付之才能达到趋吉避凶的目的。

3、2010庚寅年宫星分布图

根据流年飞星与宫位的吉凶关系，为了使大家对自己所处环境方位的吉凶有所了解，并及时趋吉避凶，现将2010年九星分布情况图示如下：

七赤破军金星 东南 **巽宫**	三碧禄存木星 正南 **离宫**	五黄大煞土星 西南 **坤宫**
六白武曲金星 正东 **震宫**	八白土星 **中宫**	一白贪狼水星 正西 **兑宫**
二黑巨门土星 东北 **艮宫**	四绿文昌木星 正北 **坎宫**	九紫右弼火星 西北 **乾宫**

二、常用化煞工具和方法

1、安平水：解二黑及五黄及七赤破军金星

工具：

1个阔口玻璃瓶、粗盐、4枚清朝开光龙银、9枚开光镀金乾隆钱。

方法：

用一圆形阔口玻璃瓶，倒进大半瓶粗盐，再放清水至满，溶解后，用手轻放四枚清朝已开光之龙银在一边，龙纹向上；又放九枚已开光镀金乾隆钱在另一旁。这是以四九称天数相配成“金”的五行，用作化解二黑及五黄的灾害。另外也可配搭成一六先天“水”以化解七赤破军金星的侵扰。

重点：

龙银及铜钱在杯子左右的摆放数量需以4、9数或1、6数摆放。

2、铜钱化煞：解二黑、五黄病符星

工具：

铜钱属金，可泄去二黑及五黄之土气，一定要用乾隆钱，但不需真古钱，可用仿古乾隆钱，因古钱之铜质已见剥蚀，仿古钱使用新铜铸造，反而“金”质较高。

乾隆钱较为适合作风水工具，因为它无论“质、数、形”都合乎风水的要求。

方法：

组成五个亦是取五帝铜金之意，可用金线串古钱。

重点：

切忌用红线，因为红线属火，火会克金也。

用五个五帝古铜钱，解二、五病符星（土）。

3、大铜钱：保出入平安、家庭和睦

工具：

大铜钱

方法：

性质为化煞挡灾，用法有三：

（1）放在门口地上，用以对付开门见楼梯或见电梯之开阖。

（2）放在大门右侧，以金色线或黄色线串上挂起，可防家中女性口舌过重，凡是家有女性嘈吵均可挂之。

（3）将两个铜钱放在枕头底下，保夫妻关系良好。

4、金元宝：生财旺财

工具：

金元宝

方法：

以生财旺财为主，多以一对并用，用法有二：

（1）将一对金元宝放在全屋最大之窗口上或窗台，左右角各放一只，目的为把窗外之财吸纳进来，窗口越大财气越旺。

（2）放在门入屋斜角之角落，此处地方藏风聚气，亦是财位，放上一对金元宝以加强招财进宝之气。

5、梅花钱：升职及化小人

工具：

金元宝，其作用为升官及化小人。

方法：

用法有二：

（1）放在办公室坐椅背后或背靠之墙壁上，防止小人背后中伤。

（2）放在自己经常开关之抽屉内，尤其是经常取用之重要文件或正在进行之大计划的文件柜内，有利于事业之发展。刚升级之高级行政人员非常合用，这是最好之升官风水摆设。

6、铜金鸡：防偏桃花

工具：

铜金鸡1-2座。针对偏桃花，例如：坏女人或令你讨厌的性骚扰。

方法：

此法器宜放在大门对冲之处——例如屏风式摆设架上，可禁绝外来桃花影响。若怀疑配偶有婚外情者，可将之放在配偶之衣柜内，要用一对，放在衣柜暗角，左右各一。

7、石狮子：“挡煞”和“招财”

工具：石狮子一对。

民间视狮子为瑞祥的动物，称为“瑞兽”。风水学以为石狮子有“挡煞”和“招财”等风水作用。在一些犯煞的方位，可摆放石狮子一对来化煞。也可以利用石狮子来招财，如一些银行、工厂、大型商铺门口都会摆放一对大的石狮子来招财。

方法：

但不论是化煞或招财，石狮子的摆放应该放在门外、户门的外侧或窗台上，且狮头均应向外，以免主人的健康受到影响。也可以放在房门入口处和楼梯两边、或双人沙发的两端。矮盆花也可以放在花架上、写字台、窗台和茶几上，但应尽量摆在右手边。

如果窗口见到不利之冲克，可放一对石狮子面向窗口可以化煞，且有生权之意。凡是以口维生之行业，如：律师、艺员等，可在办公室内摆放一对以振声威，而且有助于生财。

8、水晶柱：凝聚空间能量

工具：

水晶柱1个或多个。其性质凝聚空间能量，将之集中于一点以加强思维，亦可作为文昌塔之一种来使用。

方法：

用途甚为普遍，大型水晶柱可用作房间隔断，小的可作为文昌塔之一种来使用。如：放在书房经常望得见的地方，可加强主人之读书缘；或将之放在办公室四角，则做事头脑灵活；若将之放在床头，可加强睡眠前之读书兴趣；将之放在孩子们的房间，可增强小朋友读书的记忆力。

9、龙龟：主吉祥招财，化三煞

工具：

龙龟，一种瑞兽，主吉祥，故可用作化灾。

方法：

龙龟的用法比较复杂，要恰当地放在三煞位或水气重之地方始有效。龙龟放在财位可催财，放在三煞位或水气较重之地最有效，风水学有云："要快发，斗三煞"。水气重之风水位主是非口舌，龙龟在位能化口舌兼加强人缘。龙龟有忍耐、负重、长寿、权威的象征，在众多吉祥之物中，此兽是最为祥瑞之一者。

有部分龙龟法器之背部是活动的，可将之掀起，放入茶叶及米粒，可加强其效应。

10、麒麟风铃：化煞聚气

工具：

麒麟风铃一个。属于常用法器之一种，专供地方浅窄，无法摆放其他法器的住户或店铺使用。

方法：

用法一：凡门口正对街道者，将之悬挂在门顶左上角，可免街处煞气冲人。

用法二：大厦中本宅之窗户与地面住户之窗户相对，而对方之人口比本宅多者，将之悬挂在本宅之窗口，使本宅之家宅财帛不受对方影响。盖因人多财气重，人少财气轻。

11、铜狮子：化煞挡灾，招财护财

工具：

铜狮子1-2个。其性质为化煞挡灾，招财护财。

方法：

一般将之放置在面向大门位置，凡是路相冲或开门见灯柱者适用，铜为金属，可克制木的刑克，遇窗户的对面可见大树者适用。在室内之祸害、绝命位置，可放置此铜狮子，以减轻破坏力。如宅内有属水之人，放此铜狮更佳，因金生水，可旺财。

12、铜羊：祛病减灾、增加偏财

工具：

铜羊3尊。其性质为祛病减灾及增加偏财，因羊取“赢”音，有利于赌运。

方法：

家中有长期病患者或旧患绵缠不去者，可将此物摆放在床头，左右各一只，对健康必定有帮助。此物还可化解工作不如意，或减除小人口舌。因为羊属和平之物，将之摆放在工作台上，效应甚强。

要利用风水羊来增进财运的话，则必须要有三只全羊，也就是所谓的“三阳开泰”，加上是为了要进财，所以质材的选择上，以金质、镀金为最佳，其次铜质，另陶瓷也是可以的。不过绝对不要只有羊头，如此一来反而会产生煞气，也对健康不好。

13、铜大象：吸纳财富

工具：

铜大象1尊。

方法：

大象以善于吸水驰名，水为财，凡家居大窗见海或水池，均称之为“明堂聚水”，若摆放一尊铜大象在家中，则大财小财均为已所纳。此象之禀性驯良，放在宅中吉祥如意。

如将之放在室内财位最盛的地方，则全家人受惠。

14、八卦罗盘钟：化煞生权，招财纳福

工具：

八卦罗盘钟1面。此风水法器以八卦为钟面，包括阴阳、五行、八卦的吉祥，比市面上任何一种法器瑞兽都更具化煞作用。

方法：

不识风水者，只要将此钟放在全屋之有利位置或面对大门处即可，实为化煞生权，招财纳福之好摆设。此钟更可催姻缘、旺桃花，有百利而无一害。

15、八卦平光镜：挡避形煞

工具：

八卦平光镜1-3个。其性质为遮挡户外不良之建筑形状，如：墙角或尖形大厦等。

方法：

用法是放在屋外，忌放在室内照人，因为此物只能对外，不论任何形煞皆可化解，但不宜挂得太多，一个方位只能挂一个，全屋不能超过三个，否则必会自伤，不吉反凶。

16、八卦凸镜：避煞纳吉

工具：

此法器之性质与平光镜有所不同。

方法：

如果窗外发现对面有化煞工具对着本宅，则可摆放此法器，其作用为将对方法器反射、送回他人家中，不致受到对方影响。此镜亦是摆放在室外，不能放室内，不可照人及放在门前，否则反吉为凶。

17、莲花杯：吸纳衰气

工具：

莲花杯1个。

方法：

此法器要配置红枣三粒加清水方能生效。其用法是在全屋风水最差的地方放置此法器，用以吸纳衰气，待全杯之水变色之后便可抽离，然后在此处放置其他有利法器。其原因是有些地方积存太久衰气，骤然放置瑞兽作用不大，必须先行将衰气吸掉，故用莲花杯将之吸纳为较佳之法。

18、文昌塔：增聪慧、利学业

工具：

文昌塔1座。此物为最常用之法器，利于读书、功名及事业。北京、杭州、西安、广东、香港、苏州、南京等地就有此类风水塔，因此，上述各处常出大学者及大官。

方法：

可将此器放在床头或者书桌上，有利于文思敏捷，考试名列前茅。

19、龙神座：压小人、化凶灾

工具：

龙神座1尊。

方法：

一般来说，此法器用以摆放在流年不利之方位用以化煞。另外，此法器有利于压小人、化凶灾，适合行政人员或政界人物使用，利于增加权威。可将此法器放在写字台左上角，所谓“左青龙”是也。此物若是高职位人士配用，效果更大，因为龙为瑞兽之首，可加强权力之发挥。

20、运财童子：招财进宝

工具：

运财童子1个。顾名思义为运财之物，若全屋皆为男士而且均为未婚者更为有效。此物忌已婚人士选用。

方法：

此物以放在浴室最为有利，因水为财也。将之摆放在床头亦可，但女士避用。此法器只能摆放一年，时间过后法力消失，切记。

21、桃花仙子：宜未婚女子招财

工具：

桃花仙子1尊。这是女士财喜之物，只宜女性摆设，且适宜于未婚女子，已婚者无功效，男士忌用。

方法：

此物有利于财帛及功名，最好摆放于大门入口处，只可放置一年，一年后失效。若想续用，须改置一尊新的桃花仙子始能有效。

22、貔貅：招偏财

工具：

貔貅1个。此瑞兽身无鳞，脚无毛，神态威武，为上佳风水摆设，但只适合于偏财或推销行业（推销员）选用，凡收入浮动者皆有神效。

方法：

摆放时只需头向门或向窗外，有利偏财，正财欠奉，除非加上龙神座一对可接受。

23、铜葫芦：化病、增友爱

工具：

铜葫芦1尊。葫芦化病，人所共知，但铜葫芦可添夫妻情分则甚少人知道。

方法：

若夫妻缘薄，可摆放一只铜葫芦在床头，增加夫妻恩爱。另外，凡家中有病人，可摆放此法器，对健康有利，家有小孩及长者更应选用。此物在一定程度亦可化煞挡灾，用途广泛。

24、木葫芦：化病抗灾

工具：

若家中有久病者，不妨挂三只木葫芦，会有神奇效应。

方法：

重病者则需用三只放在床头，男女均可选用。此法器亦悬挂在下列三个方位：天医、延年、生气，尤以天医之位为最佳，可使身体强壮，精神愉快。此物可长期挂用。

25、麒麟：招财、添丁、化煞

工具：

麒麟与龙神、神凤、龟神，在古时被为四灵兽。麒麟可作为招财、添丁、化煞之用，用途非常广泛。

方法：

头向外即可，其势甚劲。宅主财运必佳。选用时不需用太大的，以细巧为宜，男女皆旺。

26、铜马：万事顺意

工具：

铜马1对。其性质为驿马远方，主动，凡经常出差公干，或奔走两地之“太空人”适用。

方法：

适宜选用一对铜马摆放在写字台或家中财位，取马到成功之意。而且马为健康之象，有利远方，此物忌放在浴室或灶头，因马为午，午属火，水火相克，大忌。若将之放置面向大门或窗口，大吉。

27、八白玉：化割脚煞

工具：

此物为非常吉祥之象，八白齐发，莹洁无瑕，可随身携带，又可放置在家作摆设。住宅非常接近高速公路，主宅内住客运气反复、财帛难聚，此为割脚煞。

方法：

割脚煞的化解：没有固定的方法，因为它的特点是运气反复，当运时大富大贵，失运时一落千丈，化解之一是在旺气位安放八白玉，但旺气位每年有变，所以要留意。

其外，若有邪灵上身或家居不洁，将八串八白玉挂在大门后，自会慢慢消除。八白玉含正气浩然之意，专化邪萎衰气。放一串在身上，夜归人士自会百事吉祥。亦为婴儿定惊不可缺少之物。

28、七赤铜钱：利财、利权

工具：

七赤铜钱两串。此物能解风水中极难化解之局。此物带有强烈刚强之气，男士极为合用。尤以粗眉大眼，或者是女生男相者，此物利财、利权、大小通吃，又能化煞化灾。

方法：

凡门前见煞，挂出两串即可避祸。七赤为兑金，亦为当运法器，平时摆设可招财进宝。

29、五帝白玉：化煞和化小人

工具：

1串五帝钱、白玉1枚。五帝钱指中国清代五位皇帝：顺治、雍正、乾隆、嘉庆、同治期间所用的铜钱。

方法：

使用时，需配以白玉在旁，不但加强五帝之威力，更可令合屋财运极佳。此法器利化横梁、化小人、化官非，非常有效。不过使用时一定要开光，铜钱上要点朱砂。否则劳而无功。

30、五帝明咒：化解官非和避邪

工具：

五帝钱1串。

方法：

除可获得与五帝白玉相同之功效之外，另外还增加三种特别功能：一、六字大明咒乃辟邪卫魔之用。凡衰气在家中不散者，可将之挂在大门后即可化解。二、从事正当行业人士遇上麻烦，又不能诉诸法律时，可将之放置在工作地点，亦有作用。三、小儿惊吓、多病，可放在床头。

31、六字明咒佛：护身、助运、避邪

工具：

六字大明咒、佛像1尊。佛以祥和喜悦传颂于世，佛又善于化解世间烦恼。而六字大明咒则可降魔伏妖，两者合一实是一种贴身又护身的法器。

方法：

佛开光后，佛光普照，适合夜归人或身处三煞位工作之朋友随身携带，又或运滞已久，可以佩明咒佛护身，逢凶化吉。

32、明咒观音：催财、转运、保平安

工具：

观音佛像1尊，配大明咒。

方法：

观音一向是慈悲为怀，配以明咒威力，可减退临门灾害，此法器适合于欢场工作者或从事于人事复杂之机构的人士配用。此法器有催财、转运及保平安之作用，对女性更为适合。此法器之观音形态栩栩如生，并无风水护器之感，可以作为饰物贴身配戴。

33、明咒葫芦：保健康，保平安

工具：

葫芦代表药石，保健康，保平安。而绿玉则是玉器中祥和之美玉，又能善结人缘。单是绿玉葫芦已可除百病，再配上六字大明咒和一串法器，其功用可想而知。

方法：

凡家中有久病之人或者是老弱多病者最为适用。摆设时宜先行测定室人之天医位，将法器置放该处，对老人家健康尤为有利。

34、明咒白玉：驱魔、利财

工具：

六字大明咒为佛门大咒中最为有利之一句，将之刻在白玉之上，声威更加强大，若鬼怪上身，呼叫无常，又或丈夫包二奶或有第三者介入，此时可配带此法器。经常配带亦有利于财运及加强正气。

方法：

若屋中有妖魔，可将此法器放在大门后，具有驱魔作用。不过明咒白玉极难求之，为罕有法器之一。

三、五大化煞法器的功效与摆放

1、龙的摆设

龙在世界华人的心目中，一直占有很崇高的地位。中华民族四大祥瑞图腾，如“四圣”的龙、凤、龟、麟，龙便占了首位。

从历史角度来看，中国历代帝王均采用龙来作为他们至高无上的象征。龙除了代表权威之外，并且还是富贵吉祥的象征！所以中国人很喜欢在家中摆放一些龙形的装饰品，藉此增加祥瑞之气。不过，龙虽然在风水学上有生旺及制煞之效，但不宜随便乱摆，以免受到相反效果。

以下是五个值得注意的重点：

（1）龙宜与水配合

龙遇水则生，即特别威猛；倘若摆放在干旱的地方，则会有“龙游浅水遭虾欺”之虞！所以若在家中摆放龙形的装饰品，则宜摆放在有水之处。把龙放在鱼缸的左右两旁，这样甚为适宜，可收生旺之效。

（2）龙宜面向海或河

有些房屋前临大海或河流，虽然风水甚佳，但可惜因为距离太远，虽然吸取了其中的财气，每有望洋兴叹之感！补救的方法，可以用一对灰色或黑色的石龙，放在窗口或阳台栏杆上，头部向着海洋或河流，有如双龙出海，这在风水学上可收生旺之效。但必须注意，倘若前面是污水或是阴沟则不宜，因为这会使双龙蒙污。

（3）龙宜摆在北方

倘若屋内以及屋外均无水，补救之道，便是把龙形的装饰品放在北方，这样做的原因，主要是因为北方乃“水气”当旺的方位，故此对于喜水的龙，十分适合。

（4）龙不宜向睡房

龙虽是吉祥的动物，但因甚为威猛，故此不宜对着睡房，特别是那些张牙舞爪的龙更是不宜。请注意，那些有红色眼睛的龙，绝对不适宜对着小孩的睡房或是睡房，因为这不但会令小孩在心理上受惊，而且在风水学上亦会有所克制，尤其对生肖属“狗”的小孩最为不利。

（5）龙画宜用金框

倘若要用龙的画来装饰，最理想是用金色的镜框来镶，若是挂在北方则更有锦上添花之妙。至于龙的数目多少才适宜呢？那并无什么限制，一般是摆放一条、两条或九条为宜。但请记住，若是九条龙，则应有一条在中央作为主角，否则就成群龙无首的混乱局面，象征家宅不宁，那便大为不妙，故此可免则免。

总的来说，龙要与水配合为宜。故此若不是放在屋内有水之处，便是要向着屋外的河流或大海；若以方位而言，龙宜摆在北方，因为北方乃“水”之气兴旺之处。但请谨记，圆瞪红眼的龙不宜对着小孩的房门或睡床，尤其对生肖属狗的最为不利！

风水龙摆放宜忌

1、龙宜与水配合
2、龙宜面向海或河
3、龙宜摆在北方
4、龙不宜向睡房
5、龙画宜用金框

2、狮的摆设

在中国传统的习俗里，每逢节日庆典必舞狮助兴，可见中国人对狮子的重视。这主要是因为狮子不但避邪，而且可以带来祥瑞之气。狮子被公认为百兽之王，勇不可当，威震四方，故此自从唐代以来，中国人习惯在大门的两旁摆放石狮，用来锁宅治邪，使门外的邪魔妖怪不敢入屋肆虐，因此，在家中摆放狮子应是颇为有利的，但可惜现在一般是太滥用了，所以有时往往收到相反效果。

用作摆设的狮子，若以制作料来分类，有石狮、铜狮、陶狮、玉狮及木狮等等。若以颜色来分，有红狮、黑狮、白狮、绿狮及直狮、侧狮等等。所以一般人便觉眼花缭乱，不知如何选择了！

因为每种狮子各有不同的用场，很难在此逐一说清楚，但可以在此提示几个要点，可作为参考之用：

（1）狮子宜放西北方

这样做的原因有二：一是因为狮子是从西域传入中国，所以西北方是它最熟悉、最活跃的方位，可以占得地利。二是因为狮子属乾卦，居西北方，五行属金，故此狮子（尤其是铜狮或金狮）摆放在西北方，便最能发挥它的功效！除了西北之外，把狮子摆在西方也颇为适宜。但中国大部分的官府大宅都是坐北朝南的，大部分门口都摆放有一对狮子。因此，狮子摆在宅院的南方大门旁，也能起到避邪助运、吉祥如意的效果。

（2）狮子宜配搭成双

摆放狮子一定要一对，一雌一雄这样配搭成双为宜。

请注意一定要分清雌雄，左右不可倒置，若是分别不清，只要记住在摆放时，一对狮子是互相照顾，那便不会弄错。

倘若其中有一只破裂，便应立刻更换一对全新的狮子，切勿把剩余的一只留在原处。

（3）狮子必须向屋外

狮子的头部要向屋外，切勿向着屋内。

原因是狮头向外，才可以阻止屋外的邪魔鬼怪入屋；所以自古以来，住宅或是衙门外边的石狮均是头部向外。

若是狮头向着屋内，那便非但不能治邪，而且还可能自己身受其害。所以狮头千万不可向着屋内，尤其是不可向着自己的房门。

狮子倘若放在屋内，最宜对着大门，望向屋外；若是摆在窗口，狮头亦一定要向着窗外。

石狮可以放窗沿外边，但必须用水泥固定，以免跌落街中！若是放在窗内亦可，但仍须用胶粘紧，借以确保狮头向外。

狮子多是用来化解屋外的凶煞，故此若是不能在大门摆放石狮来坐镇，那便可在大门上加一金色的狮头，那亦可起到挡煞之效。

总的来说，狮子虽被视为瑞兽，有镇宅治邪的作用，但必须配搭成双，放在西北方最为适宜，并要谨记狮必须向外。

风水狮摆放宜忌

1、狮子宜放西北方
2、狮子宜配搭成双
3、狮子必须向屋外
4、狮头大门可挡煞

3、龟的摆放

所谓一物降一物，在风水化煞方面来说，一般多用威风凛凛的狮子来镇宅治邪，但有时因为环境不同而用龟来化煞的。

龟与龙一样，均是属于吉祥的“四圣”之一，而且又是长寿的象征，所以虽然世俗一直对龟多有嘲笑，但仍有很多人喜欢在家中摆放铜龟或石龟，在传说中，龟会吸取天地山川之灵气，所以特别长寿！因此在老人家的睡房里头，摆放龟形装饰品甚为适宜，因为它象征健康长寿；但要注意龟头必须向着窗外。往往看到有些人把张开大口的狮子放在老人房内，其实这并不适宜。因为老人家很可能受不了狮子的杀气，因而弄巧成拙，倒不如有龟较为安全妥善。

可能有人怀疑，龟行动缓慢，并且没有什么威力，似乎是自身难保；因此若是用它化煞，到底是否有效呢？其实，龟虽然行动缓慢，似乎没有自卫能力，但它却懂得忍辱负重，在遇到危险时，便会把头尾及四肢缩入坚厚的龟壳内，这样就使得再凶猛的敌人也对它无可奈何，因此终能渡过难关。

所以在遇到一些很特殊很凶险的形煞时，若用狮子坐镇来硬拼，倒不如用龟来化解，以柔制刚为宜，这样才符合风水学“凶煞宜化不宜斗”的原则，因此有些风水师便会教人用龟来化解煞之用。

龟类的装饰品有很多种，例如有木龟、石龟、瓦龟及铜龟等等，各有用场，应该根据摆放的方位来决定用哪一类。

（1）木龟

若是摆放在屋内，或是放在东方及南方，则宜用木龟。

（2）石龟

若是摆放在屋外的栏杆上，或是摆放在西南及东北方，则宜用石龟。

（3）瓦龟

若是摆放在鱼缸中，或是摆放在北方，则宜用瓦龟。

（4）铜龟

若是摆放在金属制品上，或是摆在西及西北方，则宜用铜龟。

说起来，有一现象相当普遍，很多人往往悬挂一只铁锅来化解尖角冲射，这真是颇碍眼！若要求取心安理得，但又不想这样碍眼，则可以在屋内悬挂龟壳，只要对准冲射入来的尖角，便可收化解之效。

活龟同样可以有化煞的功效。倘若在那些受尖角冲射之处，摆放玻璃缸或瓦盆，内贮清水并饲养数双龟，中国龟或巴西龟均宜；这样既可美化室内环境，同时亦可有化煞之效。

但有一点请注意，凡是用以化煞的动物，若有伤亡，便要立即替补。

4、狗和马的摆放

在阳宅风水的各项摆设中，一般均是用狮子、龙、龟来化煞，但偶然亦会有人用马和狗。

究竟马和狗有些什么作用呢？以及有些什么宜忌呢？

首先谈谈马。马很少是用来化煞的，这主要是因为它既不像狮子和龙这样威猛，而又不像龟那样懂得躲避危险，故此缺乏化煞的功效。而马有生旺的作用，因此便有人把马的塑像摆放在旺位，希望收到捷足先登，马到成功之效。此外，近年很多人希望移民到国外，若是在驿马方位摆放马的塑像，那便会有一定的帮助。

马应该放在南方，以及西北方。摆放在南方的原因，是因为马在十二地支属午，而“午宫”地在南方，故此在那里摆放马匹甚为适宜。西北方亦适宜摆放马的塑像，原因是中国的马匹大多产自西北的新疆和蒙古，而那里草原正是骏马驰骋纵横之所！故此马匹的塑像摆放在西北方，可说是适得其所哉。马的塑像适宜摆放在南及西北方，那就是一般情况而言；但若想在短期内对事业及财运有帮助，那便要摆放在兴旺的财位了。

一般来说，摆放马匹的数目，以二、三、六、八、九匹较为适宜；而其中尤以六匹最为吉利，因为“六”与“禄”同音，故此六匹马一齐奔驰，便有“禄马交驰”的好兆头，最忌是摆放五匹马，因为会有“五马分尸”之忌。

在风水摆设上，马虽然有生旺的作用，可惜对生肖属“鼠”的人有所冲克；故此属鼠的人不宜在屋内摆放马的塑像，或是悬挂马的图画。

一般来说，镇守大门多是用狮子，而镇守侧门或后门则大多用狗。但是因为很多住宅均没有侧门或后门，所以也有人用狗来看守大门的。

简括地说，狗的塑像最宜摆放在近门之处，而且头部必须向门口。但有一点必须注意，它不宜摆放在东南方。

上文提到，摆放马匹的数目以六匹最为吉利，那么狗的数目又该如何呢？我认为是以一只或是两只最为有利。

究竟摆放哪一类的狗才合适呢？那要根据方位及环境而定。若是摆放在北方，则宜用黑色的狗；若是摆在西方，则宜用白色的狗；若是摆在南方，则宜用啡黄色的狗。

对于生肖属龙的人来说，摆放狗的塑像在家中并不适宜。因为辰戌相冲，故此可免则免，特别不宜摆放在自己的睡房中。反过来说，那些生肖属虎、属马、属兔的人，在家中摆放狗的塑像则特别适宜。

5、公鸡的摆放

有很多读者来信询问，小儿肠胃欠佳，不思饭食，以致皮黄肌瘦，令他们大为焦急，所以来信询问，风水学对此是否有化解方法呢?

其实儿童胃口欠佳，是有很多不同的原因，而其中之一，很可有是肚内生虫。肚内生虫，在医学方面来说，主要就是因为不注重卫生，吃了不干净的食物，这样便会病从口入，以致肚内生虫。对症下药，最好便是带儿童前往医院诊治，以及密切注意饮食卫生。

但倘若经过以上的步骤均未能取收效的话，那便不妨考虑以下的化解方法。

摆放公鸡前应首先仔细察看屋外的周围环境，主要看看屋外是否有一些形如百虫的电灯柱，灯柱旁伸出一条条铁枝，远看真犹如一条直立的百足一样。

此外，还要仔细观察对面的楼宇，看看它的上下水管是否有如蜈蚣一样的形态，就是在总管旁边，向左右伸出一条又一条的分支，因为这些水管大多是深色，所以看起来，便犹如一条毛虫伏在那里一样。

中国人认为“有诸内而形于外”，所以有这样的外形，便会有这样的影响；换句话说，就有蜈蚣和毛虫所构成的祸害。

但即使看到屋外真的有这些类似蜈蚣，或是毛虫的物件，亦不必太紧张，以免令自己陷于杯弓蛇影的情况；因为这些物件向着屋内的大部分地方均可安然无恙，但倘若向着厨房的炉灶，又或者向着儿童的睡床，那便要设法化解；否则便容易导致肚内生虫或是肠胃不适的。

倘若厨房的炉灶向着屋外的水管，或是电灯柱，那便会导致家人因肠胃不适而致疾病缠身的。化解的方法，可在窗口摆放一只瓷公鸡，鸡嘴对正这形煞即可。

倘若儿童的睡床对着屋外如蜈蚣或毛虫的电灯柱或水管，那便会导致小孩肚内生虫，以致食欲不振，健康受损。倘若真有这种情况出现，则不妨在窗口摆放一只瓷公鸡，借以确保平安。

可能有人会提出疑问，何以对付这些毛虫和蜈蚣的物体，必须要用公鸡呢？原来公鸡专吃虫，特别是蜈蚣的克星，正如俗语所谓“一物降一物”。所以对付毛虫与蜈蚣，摆放公鸡才最有效！若是摆放狮子、老虎这类猛兽，大材小用，反而会全无功效。

摆放公鸡有三点须要注意：

（1）鸡嘴必须对正屋外类似毛虫或蜈蚣的物体，这样才会有效。

（2）瓷器公鸡可以只放一只，倘若摆放两只或三只，这些好勇斗狠的公鸡便会自相打斗起来，故此根本不宜摆放一起。

（3）除了一些很特殊的例子之外，一般来说，对于生肖属兔的人，摆放公鸡并不适宜。

除此之外，并要注意，有些人用公鸡来化煞，有些则用鹅来化煞，因鸡鹅的形状类似，很多人往往混淆不清，两者的化煞作用不同，故此不可疏忽。

鹅是蛇的克星，乡村人家往往养鹅来防蛇，故此若是房屋周围有些类似蛇形的物体蜿蜒伸展，那便应该在窗口摆放一只鹅，这可有化煞的功效，这种说法可谓玄之又玄，并无科学实证，但若求心安理得，不妨试其效用。

第三章

一学就会的风水改造法

完全符合要求的风水是不多的，有的地方有来龙，有护砂，却没有界水；有的地方有来龙，有界水，却没有护砂。风水学认为地理上的不足，大多可以通过人工改造来弥补。本章将介绍几种主要的实用易学的风水改造法。

本章导航

一、改造风水的主要方法

二、形煞及化解方法

三、住宅风水不好时怎样改造

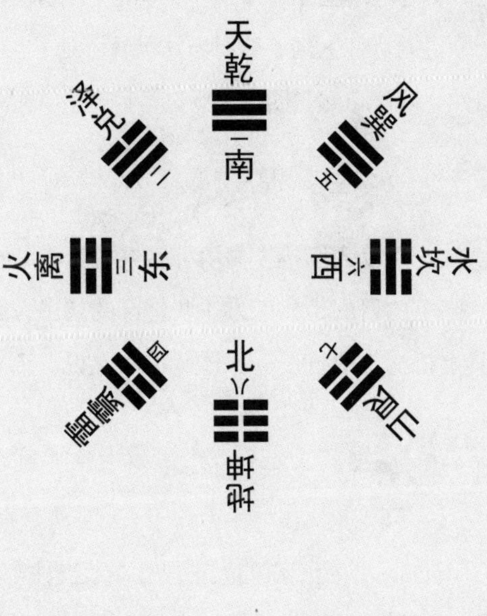

一、改造风水的主要方法

完全符合要求的风水是不多的。有的地方有来龙，有护砂，却没有界水；有的地方有来龙，有界水，却没有护砂。风水学认为地理上的不足，有些可以通过人工改造来弥补。主要有如下几种方法：

1、开渠引水，筑塘蓄水

对于缺水的穴位，以此法补救，如南方一些丘陵地区的村民，喜欢选择在田垅的尽头建房，而这里又往往没有水，于是便在宅前筑塘蓄水，这样便形成了一个符合风水模式的住宅环境；背靠来龙主脉，左右有护砂，前有明塘。来龙贯气，护砂藏风，明塘得水，这就成了大吉地，对于一个村庄，如果附近有河流，也有采取开渠引水的方法进行改造和利用。

如穴前有溪水经过，来水急躁宜筑坎坝缓急而留之，如来水“撞城反背”，可将河流改道，使成环护状。不过对大江大河，这种方法就行不通了。因此也应该按“了解自然，利用自然，改造自然，顺应自然”四大原则进行调整。

2、培龙补砂

来龙低平，砂山低缺，可以人工挑土高填补，并于其上植树以增加高度，以达到避风、调整温度湿度和降温的目的，如南方一些地区的居民，在房屋后面，人工培筑一个“衣领围子”，其上植树木或竹子等，这从风水上说，正是为了藏风聚气，补龙砂之不足。

3、修补住宅

如改变原住宅的大门朝向、改变门窗的大小尺寸、改变住宅内部的布局，以符合八宅术、五宅术坐向“风水理论”的要求，对于正对大道或大街的住宅，可采用建照壁的办法加以遮挡，照壁建在门外或门内。其用意一为挡风，二为避煞。

4、采用风水镇物

风水学上的镇物有许多种，如镇河的宝塔。河水急湍，常常泛滥成灾，建宝塔以镇之，桥亦有镇邪的功能，风水学认为，在水口建桥，可以起关护的作用，能使村镇留住财气。来龙形势急猛逆折，有不羁之象，宜建塔楼以镇之。“石敢当”也是一种镇宅之物，常是在正对大路，大街的方向上立石头，以挡邪镇宅。照妖镜镇宅是另一种方法，古人认为，妖魔鬼怪忌照镜子，因为一照便会现原形，所以照妖镜有避妖驱邪的作用。另外还有一镇物为符，它是一种书写的文字或图画，如：“五岳镇宅符”用桃木为板，上有朱书五岳神符。《阳宅十书·论符镇》中说：“五岳镇宅符：凡人家宅不安，或凶神邪鬼作怪，此符镇之大吉。”

5、花草树木调整

许多人都知道利用仙人掌和仙人球挡煞，如住宅周围有物体尖角冲煞，就可以在窗外或门外，在对着尖角的方向摆放仙人掌和仙人球进行阻挡，而且效果很好。

众所周知，植物可吸二氧化碳，放出氧气，将其摆放在房内即可供氧，也可以它的枝叶来挡煞避邪，如果有冲煞之形对着门口，则应在刚进门的迎面处摆放相应植物，这样不但可以避挡煞气，还能起到招财进宝的作用。

此外还可使用挂风铃、挂宝葫芦、挂宝剑，摆放石狮子、麒麟、金鱼、金牛、金鸡等物进行避邪助运。

二、形煞及化解方法

论煞，必论屋外峦头形煞，现列举常见的形煞及其化解方法。

1、反光煞

风水学特别强调反光为大凶，称为反光煞。

反光煞与阳光有关，如果房屋在海边、河边或池塘附近，阳光投到水面被折射进房屋，便形成了反光煞。水在阳光的照射下显得金光闪闪，反射到住宅内，会令人脑迟钝，精神不集中。

另一种反光煞是在市中心或商业中心附近，你有没有留意到邻近大厦的外墙是否有很多面镜子？这些玻璃幕墙（镜子）受光照射后反射到自己所住的大厦，这大厦便是犯了反光煞。反光煞会使人容易发生血光之灾或碰撞之伤。

在古代的时候，反光多是建筑物外的池塘、河流造成的，属于自然反光；现代都市中的反光，有一大部分都是人为造成的，属于光污染。特别是都市中的许多建筑物采用玻璃幕墙，像商业大厦的亮光玻璃，它所反射的光，反射到对面的住宅，从而对邻近的建筑物形成光辐射。还有一些光污染：如楼宇商铺的霓虹灯招牌，当霓虹灯广告招牌的灯光瓦数太大太强时，也会形成反光煞。

以现代科学的观点来看，光波的磁场和人体正常磁场的频率差别非常之大， 尤其是有强烈、刺眼的光波时，它所产生的磁场破坏了人体的正常磁场，就会像一道屏障，把大自然的生气阻挡在住宅之外，从根本上破坏了生气的凝聚与注入。

反光煞的化解方法

（1）一般反光煞的化解，可在玻璃窗贴上半透明的磨砂胶纸；

（2）再把明咒葫芦两串放在窗边的左右角，加一个木葫芦便能化解一个普通的反光煞。反光较弱者则不必加木葫芦，反光强者要安放多串五帝古钱配白玉明咒便可化解；

（3）如果反光煞问题非常严重的则还需要悬挂七赤铜钱一对在窗口两边上端；

（4）另外就是在窗台摆一溜仙人掌类植物，连消带打。

2、割脚煞

《山龙语类论》："割脚水，水贴穴前，扣脚行也。"割脚水是大厦接近水边，水贴穴前指水有近穴（大厦或房屋）之感，当运者就要利用这段时间进取，能发财，但不长久。而事实上，现代城市住宅附近少有河流，从现代阳宅风水理论来看，路即是水。那么，割脚煞在城市里就很多见了。所谓割脚煞，指的是大厦住宅离路和水太近，"水贴穴前"气场不定，严重影响财运反复不长久，存钱难开销大。香港信德中心的下层原是经营商店的，就是因为利润不理想，于1995年结业，改作办公室，出租收租金，但因流年不利，效果不佳。

割脚煞的化解没有固定的方法，因为它的特点是运气反复，当运时大富大贵，失运时一落千丈。

割脚煞的化解方法

（1）在旺气位安放八白玉，但旺气位每年有变，所以要留意。

（2）用古钱币形状结合八卦力量的大钱币能够汇聚财气。挂在客厅的东墙或对着煞即可。

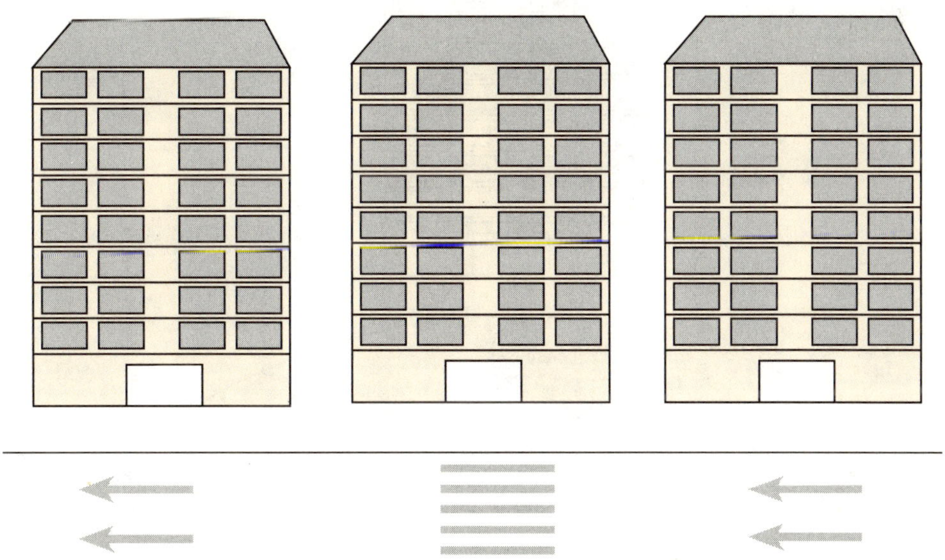

大厦住宅离大路很近，犯割脚煞。

3、镰刀煞

一般人认为这是由天桥形成的，因为有时它的形状如同镰刀一样。但镰刀煞不一定来自天桥，还有另一种是平地的镰刀煞，它的形成是由小山丘和马路结合而成的，即是由带弯形的路的平地所造成的，杀伤力都是一样，可招致血光之灾。配合玄空飞星的吉凶，便能化解镰刀煞的凶性。

镰刀煞的化解方法

在吉方安放一对铜马及五帝白玉可以化解此煞。

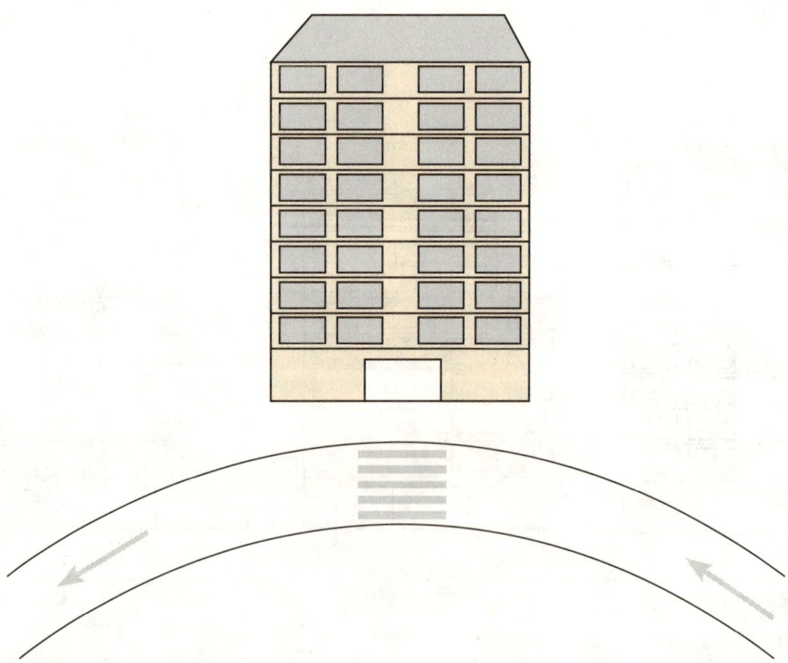

大厦住宅前的大路呈反弓镰刀状。

4、孤峰煞

所谓“一楼独高人孤傲”，是指一座楼宇的前面朱雀、后面玄武、左方青龙及右方白虎位都没有靠山或大厦，如果只有矮小的山也是孤峰独耸。经云：“风吹头，子孙愁。”在商业地带可找到，凡犯孤峰煞都得不到朋友的扶助、子女的孝顺或远走他方，例如移居外地等等。

孤峰煞的化解方法

只要在吉位或旺位安放明咒葫芦和铜葫芦便可以化解孤峰煞，令家人上下一心，一团和气。

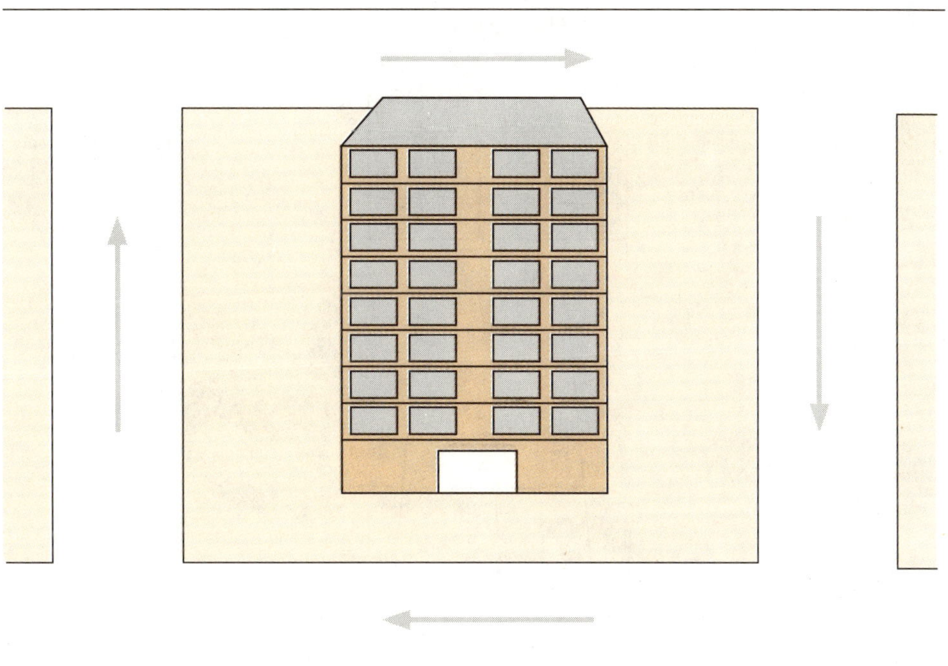

大厦住宅前后左右都没有相邻建筑物或山。

5、枪煞

这是一种无形的气，所谓“一条直路一条枪”，即是在家中大门对正有一条直长的走廊，便是犯枪煞。另外窗外晾衣竹也属于形之枪煞的一种。

以本身住所为中心点，见有直路或河流等向着自己冲来（不论开门见或是窗外见均受影响）也是枪煞。

影响：主血光之灾、疾病等。

枪煞的化解方法

主要有两种。

其一是挂珠帘或放置屏风；

其二是在窗口安放金元宝或麒麟风铃一对，因金元宝能助事业顺利。

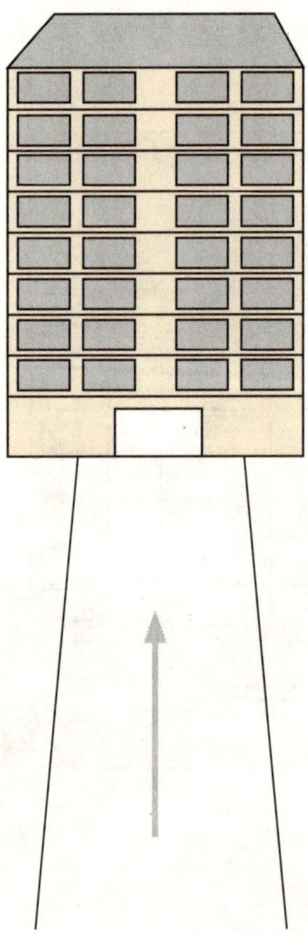

大厦住宅大门正对道路。

6、白虎煞

何谓白虎煞？大家常听到一些风水师说：“左青龙，右白虎。”而这只白虎与白虎煞是否有关系呢？答案是有关系的。因为白虎煞是指右上方有动土，或是在一座大厦的右方有楼宇兴建或拆卸。凡居所犯白虎煞的，重者会有人伤亡，轻则家人会多病或因病而破财。

白虎煞的化解方法

在受冲煞位置的墙边放置两串五帝白玉。如果此方同时犯上流年凶星煞，则要放上两只麒麟和明咒葫芦。

7、天斩煞

如从本身居所向外望，见前方有两座大厦靠得很近，致令两座大厦中间形成一道相当狭窄的空隙，骤眼望去就仿似大厦被从天而降的利斧所破，一分为二似的。

影响：主有血光之灾、动手术及危险性高的疾病等。

天斩煞的化解方法

简单的方法是安放铜马，而治本的办法是摆放大铜钱和五帝古钱。若情况严重，其化解方法是以麒麟一对正对着煞气冲来的一方以挡煞。

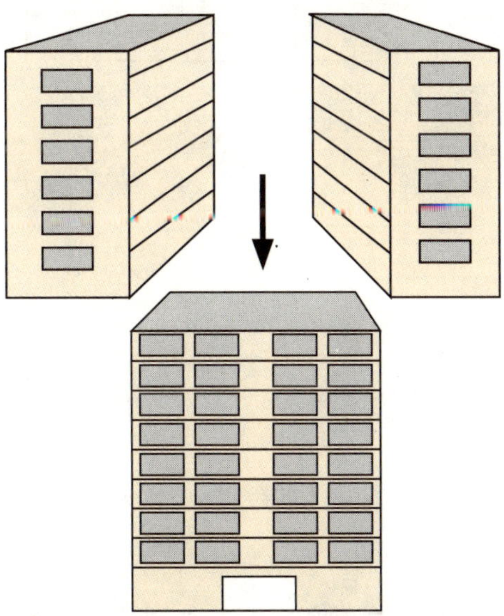

大厦住宅正对两座大夏的夹缝。

8、穿心煞

一些在地铁上或隧道上盖的楼宇，因行车会由楼宇的地下穿过，该楼宇住户就犯了“穿心煞”。

影响：此煞对较低层数的单位影响较大，致使宅运不稳，财运差，且住客身体健康较差，易生血光之灾。

穿心煞的化解方法

在旺气或吉方安放铜葫芦和五帝明咒，能避免地底穿心煞所造成的运气反复。

而地面穿心的化解则是在大门安放八白玉，五帝古钱及一对文昌塔。

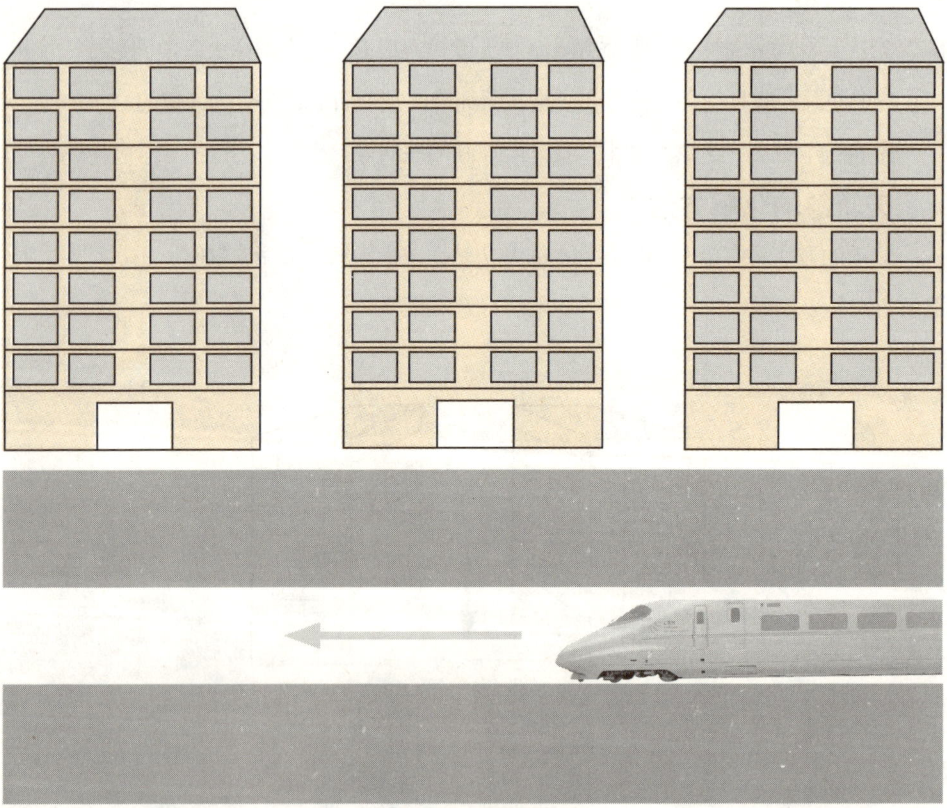

大厦住宅地下有隧道或地铁通过。

9、天桥煞

一条自高而下的天桥常有弯斜的去势，天桥为虚水，斜去而水走，是泄财象。天桥环抱为吉，反弓为凶，但是一条天桥横放在大厦的面前，你们知道是吉还是凶?

天桥也有环抱同反弓，哪一种是天桥煞?以上两种都不是天桥煞。天桥煞是在高的地方一直向下斜落没有弯段。犯上天桥煞的多数财运差，因为有泄财之意，天桥煞同箭煞都是一样。

天桥煞的化解方法

在见到天桥下斜的方位，靠较高的一端，摆放已开光的铜大象以收外泄之气。

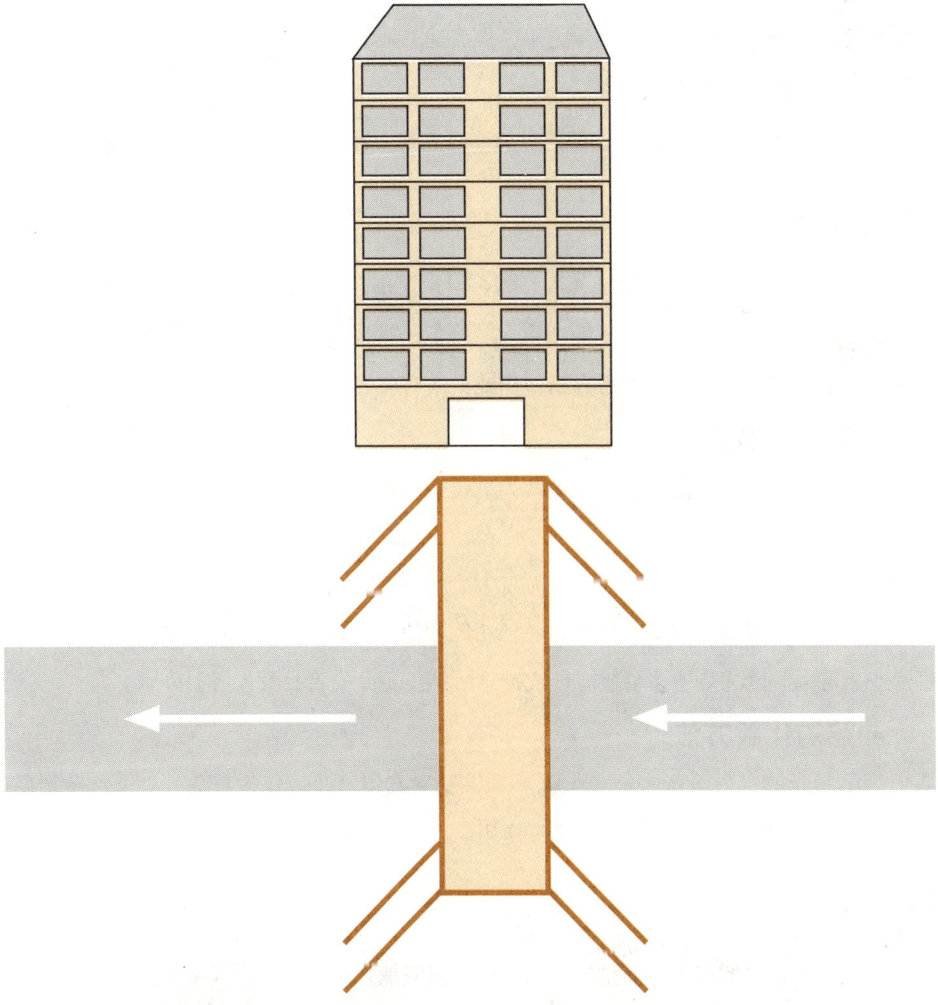

10、炮台煞

炮台煞的形成是来自一座炮，它有真有假，在香港赤柱等地，可看到有四座炮台，它们所向着的大厦便犯了此煞，会使住客脾气大或因财失义。

炮台煞的化解方法

此煞的杀力甚大，所需要的化煞用品也较多，计有：在窗口两边挂一对麒麟风铃，在中间放一运财童子或五帝古钱及五串明咒葫芦。

11、开口煞

开口煞是指电梯的影响，当你打开自己住宅的大门时，见到电梯门的开阖，好像老虎口想噬人般。如果你的住所有这只老虎来冲射，你便犯了开口煞，古人云："冲起乐宫无价宝。"意思是当运就有喜庆之事，但失运就不利家人的健康及财运。

开口煞的化解方法

在门楣上挂上已开光明咒观音，另加一套五帝古钱。若藏在木门槛内，效果更佳。

12、刀煞

刀从何来，煞是否有形呢？《雪心赋》曰："物以类推，穴由形取。"即是在住所附近有刀状物体，比如香港中环的中银大厦好似一柄尖刀劈向港督府。一般来说以大厦的底座最容易犯刀煞，犯此煞者容易受伤或家人有血光之灾。

刀煞的化解方法

在家中安放已开光的龙神座能化解刀煞带来的血光之灾。

13、冲煞

现今的楼宇每每建至数十层高，从风水的观点来论，居住的层数在五楼以下，比较容易犯上冲煞，因为居所多会被灯柱或树木所挡。犯此煞者，家人容易染病。

冲煞的化解方法

用已开光的文昌五帝古钱去化解。如果受煞方位恰逢流年凶星临，则要按此星特性，配合其他化煞用品如珠帘、屏风等使用。

14、孤阳煞

孤阳不是孤单的男人，而是纯阳的现象。孤阳煞的产生，来自住所附近电力房或油站、锅炉房等。犯孤阳煞的后果是脾气暴躁，或因财失义，使家中吵吵闹闹。住所毗邻电力房、油站、锅炉等才算是孤阳煞，单是见到不算犯煞。

孤阳煞的化解方法

将已开光木葫芦和八卦罗盘挂于受煞方的墙上，若宅主体弱多病，则同一位置加放两串明咒葫芦。

15、独阴煞

孤阳不长，独阴不生。大厦的前面有公厕或垃圾站便是犯了独阴煞。五楼以下的住客较容易犯此煞。垃圾站若贴自己的住所，凶煞性重，远者力量减轻。如果犯上独阴煞，要小心家人的身体健康及因病破财。

独阴煞的化解方法

若是来自外界的独阴煞，在家中安放木葫芦和五帝古钱可以化解其凶气。若是室内的独阴煞，则于房内贴近厕所的墙上挂上四串明咒葫芦。

16、声煞

吵耳声或震耳欲聋之声音皆为声煞。邻近机场、铁道、地铁站或居所附近楼宇正在进行打桩工程等的建筑物等多犯声煞。

影响：声煞对人所造成的影响主要是在精神方面，会令人心绪不宁及烦躁不安，精神不能集中等，长时间下来，更会影响健康。

声煞的化解方法

声煞是一种不易化解的煞，若是在坤方（西南）出现，凶性尤强。可以在坤方安放铜葫芦或两串麒麟风铃，以吸收凶气及镇煞，但亦不能消除其煞之声音全部，最后再加上尽量关闭窗户，或选用较厚及隔声效能较佳的玻璃。情况严重时，可用上双层玻璃。

17、天秤冲射煞

附近有建筑中的楼宇，在地盘之顶楼如有类似天秤之建筑机械（例如吊机），在门前中窗前见到，谓之天秤煞。此煞常与声煞同时出现，同样是来自兴建中的楼宇。如果你家中犯天秤煞，距离远者杀伤力较弱，距离近者家人容易受伤或眼部有问题。

天秤冲射煞的化解方法

化解要及时，一旦发现，要立即在受冲煞的方位安放已开光的龙神座及五帝古钱配白玉化解。

18、尖射煞

大致上同枪煞一样，其分别在于尖射煞尖角通常不只一个，且不是集中指向某一方。例如：尖石山、家中的假山、仙人球或仙人掌等。其分别是枪煞则是集中指向一个目标射入家中。如果你在家中向外望，视野内看到尖石山等，便是犯了尖射煞。

尖射煞的化解方法

在家中见煞方安放莲花杯和五帝古钱可以减轻该煞之凶性。

19、反弓煞

在地面的反弓煞可以令整座大厦的人容易受血光之灾或破财（因病人入院而要花费一大笔金钱）。出现在东、西面的反弓煞，其杀伤力尤大，如果在一个村旁出现，整个村都会犯上血光之灾，以及金钱大量破耗或失意、失败等等。真水的反弓力量比地面的大，买楼时要小心观察四周环境，免招损失。

反弓煞的化解方法

利用已开光的运财童子化解此煞造成的血光之灾。遇有破财泄运之势时，可在反弓位安放明咒葫芦和五帝古钱，也可用麒麟一对放于犯煞方以挡煞。

20、火形煞

即屋外有尖锐状的物体冲射过来。如：

（1）大厦的墙角（成九十度角者）；

（2）亭角；

（3）公园内一些呈尖锐的艺术雕塑或类似物体；

（4）三支或以上的烟囱；

（5）对向着的道路成分叉或三角、锐角者等。

影响：火形煞的影响迅速猛烈。身体方面，主易生急性疾病，如盲肠炎；身体容易受伤。宅运方面则主易生火灾。

火形煞的化解方法

可用铜貔貅挡煞，或在门下吊铜钱以加强力量，把煞气向四方扩散以作瓦解。

21、廉贞煞

很多朋友都知道楼宇若能依山而建成“后方有靠”者方合乎风水原则，取其有“靠山”之吉相，所谓“后靠明山当掌权”（明山者，即树木茂盛或山形秀丽的山）。但假如所靠之山并非“明山”，而是山石嶙峋，寸草不生的穷山，风水学上则称之为廉贞煞，这是煞气颇大的一处风水恶煞。

影响：“靠山”在风水学上所代表的人物为上司及长辈，“后靠恶山”的影响为上司或长辈为难自己，令自己的才能不能发挥。倘若自己身为行政人员时，则主自己没有实权，部属多阳奉阴违。

廉贞煞的化解方法

一般化解方法：（1）经常把窗帘落下；（2）于犯煞方挂葫芦或五帝明咒两串。

严重化解方法：用貔貅四对挡煞。

22、刺面煞

门前或窗前见岩岩耸耸的小山坡者为犯“刺面煞”。

影响：住客易遭打劫或被窃，否则，住所内的人容易做出犯法的事。

刺面煞的化解方法

在门前或窗前犯煞之方位挂上两串明咒葫芦或铜大象。

23、蜈蚣煞

所谓“蜈蚣煞”即是安装于外墙上的水管和污水渠等，一条主干有多分支，恍似一条蜈蚣。倘推开窗户而望见这些物体便是犯蜈蚣煞。

影响：是非口舌、工作不顺利。

蜈蚣煞的化解方法

以铜鸡一对摆于犯煞方以作化解，取其形似蜈蚣。

24、镬形煞

即镬形卫星天线。由于其体积较蜈蚣煞庞大。故影响亦较大，其中尤以近距离见煞为甚。

影响：健康差，易疲倦，压力重，工作易生波折。

镬形煞的化解方法

以石狮子一对面向着煞方以挡煞。

25、顶心煞

门前或窗前被灯柱子或路牌等直柱形物体（垂直）冲射过来。

影响：不利健康，脾气暴躁，血光之灾等。

顶心煞的化解方法

以五帝明咒两串制煞。

26、味煞

味道（当指臭味而言）入鼻引起人反感者为味煞。例如：臭河、公厕（接近沙田城门的河畔花园、富豪花园等）、污水渠、垃圾站及焚化炉等所发出臭味，令人欲呕，即为味煞。

影响：不利健康，工作不顺利等。

味煞的化解方法

经常将窗门关闭及使用空气清新剂。

三、住宅风水不好时怎样改造

人们在建筑或购买住宅时，通常是处于运气最好的时期。然而，当家人搬进去之后，一向健康平安的家人，突然一个接一个的病倒，或陷入精神不安的状态，甚至在公司经营上，或者在爱情上，屡遭挫折、失败。这些现象，就可能是由住宅风水所引起。

居住于风水良好的住宅里，一家人其乐融融，欢笑之声不断。一旦进入风水不良的住宅，人际关系将变得不融洽，夫妻反目，家庭不和等等。由此可见，住宅风水是不能忽略的。

的确，在我们的人生过程中，住宅风水的好坏，对我们影响很大。好的住宅风水，以及好的住宅地理环境，大都能够满足我们健康及经营方面的需求。如果有了凶相的风水信息，就可能有凶险及灾祸发生。例如，在东北或西南方向设置正门的话，将使小偷容易进入。不仅如此，还很容易碰到桃色事件，在从事交易，亦可能受到很大的损失。如有火类之物在背面的“子”向，以及其他在有水类侵犯的方位设置火气类之物的话，将很容易发生火灾。

有的住宅风水还影响婚姻运。以男子来说，如果房子的东面、东北面，或北面有很大的缺角，同时，又放置不洁之物的话，则婚姻难成。以女子来说，从屋子中心看过去，如果在西向四十五度内，有水井、净化槽、水池等，或与水有关的东西，那么，尽管她有沉鱼落雁之貌，还是嫁不出去。还有一种婚后放荡淫秽，而风流地过一辈子的住宅风水。

如有这样的住宅风水，对人们生活则有立竿见影的影响。好的住宅风水，能使居住者的理想实现，否则只能在不如意的情况下度过一生。

我累积了多年的风水实践经验，又因学术研究之需要，收集了不少有关住宅风水，以及地理方面的实证。以前的所谓住宅风水，多数把重点放于建筑住宅方面，缺乏改造以及修正的见解，眼看多数人为住宅风水所惑，乃潜心研究凶相风水的改造法。

在这本书里，我把它公开出来，希望大家读后受益受惠。

1、厕所方位不良的改造

以住宅风水来说，厕所引起凶象是最叫人害怕的。尤其是家宅中的北方，或者被称之为后鬼门的东北方若设置厕所的话，将招致不良结果。

拥有此种住宅风水，则男女主人可能罹患动脉硬化、肝硬化、胆结石、下痢、胃溃疡、便秘、食物中毒、气血不调等疾病；对老人的健康更有不良的影响。如果被顽固的腰痛、胃肠疾病所纠缠的话，不妨检查厕所的位置是否正确。

在住宅的风水上，为了使厕所不至于带来凶相，最好把它设置于西北、东南，或者东方（从房子的中心看）。同时，必须避免与男女主人生年相冲的方位（例如卯年生的人，必须避开东的方位）。可见，厕所的安置，确实是极为困难的一件事。

目前一般的住宅往往把厨房设置于太阳照射不到的北方，或东北的方位。换句话说，为了把厨房、客厅等设置于东南方位，或者西南方位，而把厕所设置于北侧。凡来告诉我说“健康不佳，是否住宅风水不好”的人，约有一半以上厕所都设置于北方，或者东北的方位上。

不久以前，有一位先生对我说：“以前，我的健康一向都很好，但是，搬入新居后，一直被严重的便秘及下痢所苦，治疗毫无效果。如果再这样继续下去的话，很有可能变成癌症……是否跟住宅的风水有关系？”

果然没错，他家的厕所就设置在正北的方向上。更糟的是女主人生于子年，十二支又属于北方。换句话说，双重的犯了凶的方位，是一个大凶的厕所。在这种情况下，身体不生病才怪呢！因此，我劝他改良。

如果厕所在北方或者东北的方位的话，必须把它移到别的方位去。一提起改良或是移开厕所，很多人都会说“没有空间，实在很难以办到”。事实上，厕所占的空间很小，只要有改良的心，移到别处，当不会有多大困难，做起来或许比想象中简单许多。只要避开北的中心十五度（子的范围）。东北方面，则只要避开东北十五度（丑的范围），以及东北中心十五度（艮的范围）即可。就算整个厕所都位在北或东北的方位上，只要便器的位置偏离这些十五度的方位就行。如果便器在这个范围里面的话，则只要移动便器即可，不须改建厕所。

假如厕所的隔壁是壁橱或者储藏室的话，那就比较好了。充其量，只要把两者对调就可以了。

只要身体健康，能够辛勤地工作，不久就能够拥有一笔可观的资金，自然就可以再盖一栋风水甚好的住宅。因此，为了健康，仍以改良为先决条件。这样总比男女主人或老人长期患病的好。由于建筑的条件不同，有时简单的工程根本无法移开厕所。此时，不妨照我前面说过的，更换一下便器的位置。

若是移动便器时，不妨在厕所内开一窗户，每天都放一小碟食盐在那儿，再放一小盆植物，借植物的绿色能源与食盐，来化解厕所的凶相。

除了北、东北方位之外，西南方位的厕所也属于凶相。如果要移动的话，只能从西南方移动到西北方。

西方的厕所也不怎么好，不过，只要没有酉年生人，或婚期的女孩居住的话，就用不着担心。为求万全之计，可以把便器、便槽移到西北，也就是壬或癸的范围。

我想，不应该有南方位的厕所存在，万一有的话，最好移到东、东南、西北的方位上，因为，南方是采光的方位，厕所若占据这个方位，就可能会影响运气。

移动厕所的位置，绝对不能使它与神坛为邻，否则的话，将变成凶相。其实，容易被厕所的凶相波及者，乃是一家之男女主人以及老人。因此，除了北方以及东北方位之外，只要拿主人夫妇的十二支来检查厕所的位置，然后加以改良就可以了。

如果小孩子直觉力比较强，个性比较好静（不怎么喜欢运动）的孩子，受到厕所凶相的影响就比较大。如果有这种孩子的话，那就应该考虑到他们的十二地支。因为这种孩子，比较容易受到住宅风水的影响。

2、厨房方位不良的改造

迁入新盖的房子后，如果女主人骤然生病，或者因芝麻小事就动气，带有歇斯底里的倾向，或者陷入精神不正常状态，这不是因为肉体或精神疲劳所造成，这可能是把厨房设置于北方或者鬼门方位的东北，西南方位（从新房子的中心看）之故。

尤其是厨房的炉子、洗理台的位置在这些方位的话，除非很开朗而喜欢运动的人，否则都会在精神及肉体方面受到伤害。

看看房子的隔间以及方位，如果发现厨房在鬼门的东北，或者西南的话，应该尽早移到安全的方位。因为，一旦女主人有病家庭就会笼罩上一片愁雾阴云。

在隔间时为了图方便，把厨房设置于北方，以及鬼门方位的例子并不在少数。换句话说，把客厅或饭厅设置于明亮的东方，或者东南方位时，厨房很自然的就会被设置于东北或北的方位上。

只要把厨房移到安全的东方或者东南方，女主人的身体很快地康复这种例子屡见不鲜。由此可见，女主人跟厨房的方位有着密切的关系。

欲改良厨房的凶相，可以说一点困难也没有。

厨房若属凶相，问题都出在炉灶以及洗理台上，跟厨房的间隔没有什么关系，只要把炉灶与洗理台隔开大约六十公分左右的位置即可。

每当我受托鉴定住宅风水或检视设计图时，时常碰到北面或东北面的厨房凶相。尽管日前没有发生任何事情，还是检查一下自己家的厨房位置，尤其是炉灶与洗理台的位置比较妥当。从你的房子中心处检查看看，仔细的检查是否在正中线上，或者是在鬼门线上，以便安全。

3、楼梯方位不好时怎样改造

有一些房子的楼梯，竟然是设置在房子的中心。几年前我在北京教书时，有一对夫妇千里迢迢从广州来找我。请我到广州给他们的家看看风水，看后才知道，他们家正是楼梯设置于房子中心的大凶相。

张先生说："我正在谈婚事的女儿，两度碰到车祸。一次是被汽车撞伤，另外一次是自己撞到汽车，因为车祸而受伤，使得即谈妥的婚事告吹！此外，小儿子学习成绩一向不错，本以为考高中绝对不成问题，结果竟然名落孙山。总而言之，碰到一连串不如意的事。"

我认为是邪魔做怪，而亲戚提醒我，很可能是住宅风水不良所致。当我前去看后，发现风水的确不好，可以说是较差的宅相。

"最近，你的公司是否有订立契约前就告吹的买卖？"经我这么一说，他吓了一跳地回答："在未搬入新房子以前，根本就没有这种现象，最近的确有两三件快谈妥的买卖，莫名其妙就告吹了。"

此房最差的要算是楼梯被设置于房子的中心，很容易引起料想不到的突发事故，使得快谈妥的买卖告吹或事物的恶化等等。这些事故，往往发生在男女主人身上。想不到整个家庭却是全部都被波及。

像车祸、升学考试失败、生意告吹、交易赔钱、无法升迁等种种事故，就是其代表性灾祸。

"这个楼梯的位置不好，坏就坏在楼梯不能移动，我们该怎么办呢？"

夫妇俩都忧愁满面。由此我不难想象，他们遭受到的打击有多大。的确，跟二楼有关连的楼梯，不能简单的移到别处。但是，我们也不能把屋子中心带有凶相的楼梯原封不动的留在那儿。总之，非得想办法不可。

此地所谓的“中心”，并非指开始踏入楼梯的一楼那一带，而是指爬到二楼，或者三楼、四楼的平台之位置。也就是说，必须测定此地是否是一楼的中心。焦点也就在此地。

纵然是一步踏进楼梯之处，或者是楼梯的一半以下是为房子的中心，也不至于发生问题。最重要的是要测定爬上顶楼的位置。

如果那是房子的中心，那就不妙了！一旦住进这种房子，运气就会很快地变坏，甚至突发事故不断。因此，必须尽快的改良。

后来将楼梯改为靠进门的右侧弯曲上楼，这家的运气很快就恢复到了最好的时候。

另外的一种方法，是不动楼梯的空间，把楼梯口设置反侧。也就是说，把楼梯的朝向改变过来。这么一改之后平台的地点就不可能在“中心”了。

4、前门方位不好的改造

在所谓的住宅风水里，前门是最能左右一家主人运气的地方。

前门是否吉相，将大大的左右工薪阶层的升迁以及企业家的事业前途。由此可见，所谓的前门，并非只具有进出屋子的功能而已。这也并非表示，前门一定要把它弄得很大，或者把它装饰得富丽堂皇，不过，使它成为吉相，总是要下一番工夫的。

前门绝对不能在西南方位的鬼门方向（从屋子的中心看），一旦处于此位，就会变成凶相。一家人的想法就会缺乏周详的考虑，轻率地答应帮助别人自已无力办到的事情，或者在冲动之下，从事莫名其妙的勾当。结果，当然会导致工作失败，信用扫地，运气衰退。同时，很容易受欺骗，屡次上别人的当。这是因为位于西南方位的前门，很少有良好的人物进入，自然就会带来凶恶的意象。

那些向我诉苦，遭受诈骗和蒙骗而失败的人们，大都有着西南方位的前门。

以这种前门来说，应该移到吉相方位的东、东南、或是西北。如果不能做到，只好改变前门的方向。

如果在西南方位的话，可以根据前门的方向，使门面朝向西或西北。这一点是很容易做到的。必须特别注意的是，勿使前门的出口在西南方位的四隅线上面即可。

前门在东北方亦属于凶相。其改善方法与上述相同，如果是北方位的住宅，必须使门朝向东方、东南或者西北的方位。

如果是东北方位的前门，门面可朝向东、东南，或者是南的方位。位于北或东北的前门，其出入口绝对不能通过正中线以及鬼门线。

除此之外，在一家之主十二支方位的前门也是凶相。就算在吉相的东方设置前门，如果这一家的主人为卯年生人，也会变成凶相。关于这一点必须特别注意。

辰年生人，以及巳年生人，以东南方位的前门为凶相。午年生人，则以南方位的前门为凶相。此时要改变前门的朝向，以减少凶意。

一般的原则是，前门的出入口，不能通过其方位中心的正中线、鬼门线、四隅线。关于这一点，无论是哪一个方位的前门都应该注意。

5、神坛摆设不好怎么办

关于神坛，自古以来就有种种不同的说法。例如，神坛的深度非有一尺二寸（表示十二个月）不可，宽度必须有三尺六寸五分（表示三百六十五天），而且不能使用扁柏制成。最重要的一点乃是每天清晨起来，能够有一个地方拜拜神佛，以表示敬谢之意，神佛才能够保佑我们。所谓的尺寸大小，只会合辙押韵，根本就没有什么意义。大可不必在意。以下的六种情形，会使神坛变成凶相，必须注意。

（1）神坛与浴室相邻。

（2）楼上是客厅，且有很多人出入。

（3）在东北、西北的鬼门方位。

（4）神坛朝北、朝东北、朝西南。

（5）神坛使用陈旧的木材制成。

（6）神坛随便放置在衣橱里或者不净的地方。

碰到前三种场合，可以将神坛移到别处。因为神坛占地不大，移动起来并不困难。千万不可在讲求方位的情况下，把神坛安置在厨房或储藏室。与其这样做，不如把神坛放置于东北或西南方位，使它朝向南、东或者东南。

关于第四种情况，如果是一般家庭的话，神坛朝向以坐北朝南或者东南最好。

第五种情形，必须使用新木材重新制造。

至于第六种情形，则可以利用新木板铺在衣橱等的上面，再放置神佛。

6、窗户方位不好怎样改造

人们都说“鬼门方位不宜设置窗户”。不过，天窗、地窗、壁窗并不算在内。如果从天花板到地面有落地门窗，若位于东北或西南的鬼门线上，将易发生被偷窃的凶相。

在一大片民房当中，惟有一家时常被梁上君子光顾，那么这一家窗户大都设置在鬼门线上。

鬼门线上有开口部位的话，应该把它封堵起来。

如果是后门、厨房的门，最好又最安全的方法是，把它拆除，再砌一道墙，另开门窗为好。

东北方位的落地门窗比较少，但是，西南的鬼门方位却可以经常见到，在鬼门线上的落地门窗部分，应该把它改成墙壁，如果实在难办到的话，也应该把门上的玻璃固定。然后，在玻璃外侧种植矮木，如此就更为安全。

在鬼门线上的门窗，也可以用木板窗套遮盖起来，不过，看起来极不美观，室内也会变得黑暗，还是不怎么理想，如此，只有将玻璃窗固定的方法可行。

在住宅风水方面，有一种错误的观念，那就是认为开口部都是属于凶邪的位置。事实上并非如此。刘先生托我画住宅设计图时，看我在鬼门方向画窗户，很惊讶地说："在那个地方开窗户安全吗？"对于大的住宅来说，鬼门线最好不要有开口部，但是对70平方米以下的住宅来说，为了加强空气的流通和采光，根本就不必把鬼门线堵起来。

这种情形，不妨把开口部改成壁窗，如果感到不安全的话，可以改成高窗，以便使"气"流旺盛。这里所谓的开口部只限于厨房口、前门、落地窗户等。

7、孩子的房间不好怎样改

从屋子中心看西北方位，这是一家之主的位置。在西北方位设置孩子房间的话，会使孩子早熟，不利学业。

本来，应该是成年人拥有的东西给了小孩子，当然就会变得不对劲儿了。西北的方位象征权威、厚重等。住在那个方位的孩子，固然有某些方面的才能，但是，他将变得太老成，而丧失小孩应有的纯真，喜欢跟别人讲道理，使得周围的大人蹙眉头。在这种情形之下，他的同龄朋友会一个个的离开，对他的将来没有半点益处。

有一天，我的朋友带他的小孩来访。那一次，他只是纯粹的来拜访我，并不曾提起住宅风水之事。这个孩子刚迁入这个城市不久，瘦削、脸色苍白，一点也没有孩子应有的活泼。随着我们言谈的进行，他竟然能针对我们的交谈，说一些俏皮话，有时甚至会冷嘲热讽，委实叫我吓了一跳！我的朋友也在乎儿子的与众不同处，对我摇摇头说："真是邪门！人小鬼大！"

我的朋友叫他跟随其他孩子玩，他却偏偏粘着我们不放，而且，他竟然跟我们一起喝茶，谈笑风生，实在不可思议……我第一个感觉就是，问题可能出在他的房间。

于是，我就问朋友他家房间的分配法。果然不出所料，他的大儿子住在楼上的房间，这个早熟的小儿却是住在楼下的西北方位，也就是我朋友夫妇的隔壁房间。

那一天不便当着孩子的面前说，过了几天，我才对友人说起来最好改变孩子的房间的建议。如果屋里还有多余的房间，或者能够跟他人交换的话，那就不要使孩子住西北方位的房间。既然西北是孩子的房间，其他的方位一定有父母的房间，那就两者交换房间吧！如此一为，父母将能够更像父母，对孩子来说是很有益处的。

如果能够按照理想更换的话，男孩子最好住于东方位的房间，女孩子最好住于南或东南方位的房间。如果连这个地步也做不到，那么，就叫孩子居住在属于他十二支方位的房间吧！因为这也是吉相。龙年生孩子住东方位的房间，子年生的孩子住北方位的房间。

如果空间有限，不能够开孩子房间的话，那只好用颜色来补救。孩子房间，不妨改成乳酪色、粉红色，或者骆驼色的暖色系。灰色或蓝色有一种冷森的感觉，不适合孩子的房间。只要如此改变墙壁的颜色，房间的气氛就会改变过来。

对于二楼西北方位的孩子房间，经过了同样的改良以后，不妨在天花板吊一些灯饰以增加亮度。如此一来，效果会更好。

8、卧室方位不好怎么办

理想的卧室吉相，乃是家庭成员各自拥有适合自己方位的卧室。换句话说，主人夫妇应该居于西北方位（从屋子中心看）的房间，长男居于东方，长女居于东南，老人居于西南。至于其他的家族成员，居于哪一个方位都不成问题。

由于隔间的关系，家庭没有适合自己方位房间的话，则可采取纳应十二地支的方位。例如：申年生人，居于申位的西南；戌年生者，居于西北等等。

或许有人会说，卧室只是用来睡觉罢了，还讲究什么方位呢？事实上，这种想法就是错误的。我们把一天的三分之一的时间用在睡眠上，因此，卧室对我们吉凶的作用不可谓不大。

卧室是吉相的话，疲劳就能够充分地消除，很轻易地就能够恢复活力。至于凶相的卧室就不行了，不管睡了多久的时间，仍然不能消除疲劳，长久累积疲劳的结果，逐渐地会影响到健康。

一旦察觉到卧室是凶相时，必须尽可能以适应各个人的方式，或者凭其十二地支来决定各人的卧室。

尤其是主人夫妇的卧房与老人房颠倒，或者孩子睡于西北房，主人夫妇睡于东房，情形将更为不妙，可以随时更换。

9、住宅上大下小怎样改

最近，出现很多楼上比楼下大的建筑。

那是因为空间太小，为了扩大面积，或者为了当成停车场，不得不如此做的缘故。同时，在设计上有时也会使楼上看起来比楼下大。不管哪一种原因，都属于凶相。

撇开风水不谈，若单从外表来看，上大下小，总会给人一种倾斜不平衡的感觉。以人的身体做比喻，就像是腰部以下没有力气，头重脚轻，看起来总是不自然。

在住宅风水方面，上大下小的屋子相当于立体方面有缺陷，楼下凹进的部分会聚集污秽的空气，同时也容易贮藏阴气。

如果生意一向很顺利，突然一蹶不振；本来有升迁的机会，却被其他的人夺走；或者无端被卷进丑闻事件等，而丧失了名誉及声望。如果再加上方位上凶意，很可能被卷入一场大灾难中。

公司方面一旦有这种形状的建筑物，往往会赔钱甚至倒闭。

如果你的屋子是上大下小的典型，那你得马上改良，以免碰到无妄之灾。可在楼上端突出的部分往地上打基础桩。

最理想的方法，就是在那儿砌一道墙。但是如此做的话，光亮将大打折扣。不过，只要使用金属条做成格子的装饰，问题就可以迎刃而解，房子风水就能得到很好的改善。

10、住宅缺角怎样改

最理想的屋子形状，首推六比四的长方形住宅，尤其是以东西方呈长方形的最好。不过现在的房子，总是免不了某一边凸出，某一边凹入，这凹入的部分，也就是缺角部分，往往会造成凶相。

所谓的“缺角”，乃是建筑物的一边短缺三分之二以内，而呈凹入的部分。凹入的部分越大，运气越差。

如果经商的人突然赔钱或倒闭；上班族遭受降职、失意，以及一连串的失败；一向很顺利的运势，突然逆转过来，以至陷入灾难中，这就是屋子缺角凶相现象明显的反应。

尤其是西北或东南的缺角对事业家庭都非常不利。最显著的例子，就是经营某企业的王先生。从小小的仓库管理员开始，逐渐发展到拥有八百个员工的公司。在他的事业蒸蒸日上时，他盖了一栋豪华的住宅。在迁入新居前并没有发生什么事情，入住后他公司的产品屡遭淘汰，几乎快要站不住脚了。此时他才开始紧张。

这时有人陪王先生来找我倾谈。所幸，王先生住宅的空地尚多，我建议他在东南或西北的缺角上，再建筑房间，使整个屋子看起来相当于吉相的饱满长方形。东南方建筑饮茶部，西北方建筑书斋，并嘱其立刻动工兴建。

半年后，公司开发出新产品，以致他的产品供不应求。目前，他还在北京、天津、上海设立了分公司。

由这个例子不难明白，屋子的缺角虽然会影响一个人的运气，但是不会因此而致命，所以在察觉到时，再着手“补缺角”也不晚。只要把“缺角”填补起来，衰退的运势就会逐渐的恢复。因此，还是早些修补比较安全。

屋子形成缺角，有以下种种原因。

（1）因讲求建筑物的外观而形成。

（2）因为正门往后缩，自然形成了缺角。

（3）因为建筑用地变形，同时形成缺角。

各有修补方法：

第一种情形，可依缺角的方位，来决定修补的方法。

第二种情形，正门往后缩的话，可留下一方当成入口，另一方则堵起来，砌成一面真正的墙壁，如果需要光线的话，可用铁丝网围起来，不过，铁丝网下要打好基础。

第三种情形，由于建筑用地受到限制，不能增建，只好尽量的减少缺角的面积，如增建成三角形，或把有基础的东西，建筑在有缺角的部分。

东北与西南的缺角

拆除墙壁，增建使之成为方角，增建部分可当成房间或储藏室使用。

东方的缺角

最好是盖上屋顶，增建房间，不过，东的方位通常是用来采光，要做到这种地步实在很难。换句话说，东、东南，以及南的方位，通常被划分为饭厅，以及家人的房间，因此，绝对不能够黑暗。这时，可以增建一间日光室，或在离开建筑物一公尺外，再建筑另外一间房子。最重要的是，新建筑的东西必须和缺角一般大小，甚至比它还大一些才行。

东南的缺角

处理的方式与东方位的一样，如果预备另外建筑一栋补充的话，那就在离开母屋一公尺处建立新屋。如果预增建日光室的话，就利用东南凸出的吉相效果，建筑新屋时，最好比缺角大一些，并且使之向外凸出。

西方的缺角

最好增建为填补缺角的形式，再把它弄平。这是最好的方法。如果空间比较大的话，不妨在缺角的外侧，兴建仓库之类的建筑物。大小应占母屋的二分之一以下。

西北的缺角

此一方位，自古以来就被称为乾位、天位、父位等，兴建另外一栋房子，或使原来的房子凸出都能够显现出巨大的吉相效果。此方位最喜凸出，有缺角的话就不妙了！

如果建地有限，那就把缺角处增建成三角形，藉此减少缺角的分量。

如果空间大，最好将其修改为吉相的凸出状。一个方法是在有缺处的外侧另外建一栋房子。离开母屋一公尺以上的地方，兴建比母屋低，大小三分之二以内的别栋房子。这种增建，可视为凸出的吉相，即使有人住进去，也算是吉相。

如果不能离开母屋一公尺以上的话，那就紧贴着母屋增建。在这种情况下，亦可以建筑得大一些，藉此获得凸出的吉相效果。以上方法如果都无法做到，那就只好在缺角处的部分种植树木。这乃是万不得已的最后手段，而且，只能获得轻微的效果。最好还是采取增建补缺角的方式。

房子的缺角，意味着运势走下坡。在兴建屋子时，就应该考虑到这一点，以免日后有增建的麻烦。

11、住宅凸出怎样改

与“缺角”完全相反，就运势而言，“凸出”大都会带来正面的效果。所谓的“凸出”，乃是指建筑物一边长度的三分之一以内，向外侧凸出去的现象。

我在前面说过，理想的住屋形状为东西长，也就是六对四的长方形。如果东南和西北有合乎标准的凸出的话，运势就能够势如破竹的转好，因为那是吉相很强烈的住宅风水。

但是，如此种出现在东北与西南的鬼门方位上的话，将变成凶相。

房子的凸出，依不同的方位，凸出的大小有其标准。又根据不同的方位，吉相的程度也有不同，不过，对运势的提升及发展都有帮助。然而，东北与西南方位绝对无利可言。如果错以为凸出都有好处，而轻易的在这个方位使房子凸出来的话，不仅毫无效果可言，反而会使运势一天比一天衰退。

以前，住在我家附近的李先生，夫妇俩辛勤的工作，拼命的存钱，一心一意地想盖一栋属于自己房子。终于如愿以偿，盖了一栋房子，一家人欢天喜地地搬进去住。我也深深地为他俩庆幸。谁知事隔不久，一向很忠厚的李先生突然来找我，他的两眼充满了血丝，整个面孔也充满了恐惧。

因为盖房子耗尽了所有的积蓄，在别人的怂恿下开始购买股票，最初还算顺利，但是在利欲熏心之下，再也无心工作，全心倾注于股票，到头来不仅本钱赔光，就连新盖的房子也快保不住了。

“如此下去的话，辛苦盖起来的房子就要泡汤了。”他哭丧着脸说。事实上到了这种地步，已经没有办法挽回了。

原来，李先生的房子在西南方位有凸出的现象，东南方位有缺角。除此之外，还有相当多的凶相。

鬼门方位的凸出一时可能会使运气好转，但是在不久之后，就会使运势转为衰退，实在叫人害怕。

住宅风水所谓的凸出，不仅指建筑本身的凸出，就连离建筑物二三公尺以内的仓库放置东西的地方（限于有基础者），也算进去。

最好的办法是：（1）把凸出的部分拆除。（2）为了使凸出的现象消失，不妨再增建。如果是东北凸出，那就从东到东南的方位增加建筑物。若是西南方位凸出的话，可以从北到西北的方位加盖建筑物。采用这两种方法，就可以使之变为吉相。

不过，一旦增建以后，往往不能派上用场。

如果无力改建的话，那么，只好在鬼门凸出的外侧种植常绿树，不过，这种方法只能稍微减轻灾祸而已。

12、房顶不好怎样改

最近，各地都出现了不少所谓南美情调或西班牙情调的房子。这些房子都是以设计为优先，不管所谓的风水好坏。不仅是公共建筑物有这种倾向，就是私人住宅，亦不乏这种例子。正因为如此，就出现了在风水上凶相百出的房子。

尤其是倾斜度很大的三角屋顶，以及一面坡的屋顶，更是常见。本来屋顶很少产生凶相。不过，那是指一般的屋顶而言。像那种变形的屋顶，很明显的，就是凶相。

这是因为它太于极端之故。长久居住于这种屋顶之下的人，很容易罹患歇斯底里、神经过敏以及忧愁病。有了这些疾病，往往无法跟其他人和睦相处。那些居住于“漂亮”屋顶之下的年轻夫妇，总是跟邻居发生纠纷，彼此相处得不甚愉快，甚至会出现神经兮兮的女主人，实在叫人感到意外。

诸如此种设计独特的房子，可将其当成别墅或者第二个家使用，不适合于久居。以下是常见的凶相变形屋顶，以及它们的改良法。

三角形的屋顶

三角形而斜度大的屋顶，总是会使屋里屋外的气体变得异常。最好在半途切断屋顶，再建筑一个屋顶朝外倾斜。这样既美观又符合风水要求。

一面坡的屋顶

一面坡的屋顶有一个缺点，那就是会聚集太多强烈的阳光。也就是说，外气的摄取会产生偏颇，身体的韵律将趋向于不正常。

把长的那一边屋顶，从地上提高三公尺，并在另一方建造屋顶。最低也要将近两公尺，不过，以三公尺最为理想。从上面地面伸出一面坡的屋顶太长的话，就需要支柱。

平坦的屋顶

钢筋混凝土建造的房子，几乎都是这种屋顶。因为房顶平坦、热传导很迅速，因此，屋内会变得很热，或者很冷，这对健康方面的影响很大。

如果是木造的话，那就把基础升高，也就是说使地面升高。如果室内的壁纸是塑料的话，那就改为布或者天然木材，增加房间，假如是洋房的话，也可以把新建材拆掉，弄成木材的墙壁。地面再铺质地好的木材，感觉上就会完全不同了。

铺地面用的材料，除了用进口的麻栗树以外，亦可使用杉、榉、扁柏、松等的木材。

不仅是变形的屋顶，任何形式的屋顶一旦漏水也会变成凶相。在渗漏的阶段就得及早的修理。由此不难联想到，把平坦的屋顶弄个游泳池什么的，必然也是不吉利的。

对于屋顶的颜色也应该注意，如果是别墅的话，就不会有很大的问题，不过，最好别用古怪不入流的颜色，那样不但风水会受到影响，同时也会受到周围人恶劣的批评。

我家附近有一户人家从外地迁来。这家人盖了一栋房子后，特别从法国购买屋顶的材料，把屋顶漆成大红色。好像要压倒周围人家似的。不久以后，邻居都跟这一家断绝来往，孩子也没有任何朋友玩。

这一家的男女主人在感叹周围的人缺少人情味的同时，特别拿建筑图来找我。我建议改变屋顶的颜色，他俩也若有所悟地点点头，声称要更换屋顶的颜色，不再标新立异。

13、钢筋混凝土的住宅不好怎样改

根据日本的说法，钢筋混凝土住宅的耐用年数，通常以六十年计算，不过，在实际风水上的耐用年数，只有十二三年罢了。以能够放出人类居住所必要的“灵气”来说，耐用年数并不算长。

比起木造住宅来，钢筋混凝土房子的空气交换率只有三分之一而已。因此，不仅空气的循环不好，在构造方面也不能开很大窗户。最叫人受不了的一点，就是排水管会腐败。近年来，人们为了清除排水管，都习惯使用药剂。偏偏这种药剂会溶化排水管内层树脂，进而使周围的铁管也腐蚀殆尽。这就是导致漏水的主要原因。

本来，排水管里面的树脂，是用来避免铁管氧化的。但是，使用通水管的药剂，就会使这种树脂溶化。

最叫人感到头痛的是，内部的腐败通常都看不出来。于是在不知不觉中，不净的灵体就会附着腐败的场所。

使用钢筋混凝土建造房子，并不能够简单的改造。为了住起来平安、顺利，窗户最好经常打开，以利空气流通。

尤其是希望充满灵气的饭厅、客厅、卧室，不妨多利用植物的灵气。根据不同的场所，摆放的植物也不一样。

正门

在鞋柜上面，摆设一些羊齿类的观叶植物。

饭厅、卧室

按照室内的大小，摆放大叶植物。十个平方米大的房间可以摆两个，八个平方米的房间可以摆一个。二十平方米的房间，可以摆上三大盆与一小盆。阳台亦可以设置花棚，摆放观赏用植物。

走廊

在这种地方，几乎都铺有地毯。如果非铺地毯不可的话，一定要铺在板材上面，或者只铺板材就行。通常混凝土上面是不宜铺地毯的。

总而言之，不管在什么地方，只要是钢筋混凝土建造的房子，必须特别注意换气。除了要经常打开窗户之外，还必须在二楼设置换气设备。厕所的抽风机要整天开着。以防凶相。

14、庭院水池不好怎样改

人们一旦有了钱，几乎谁都想盖一栋豪华的住宅，再在院子里挖一个鱼池什么的。或许，这是一种显示富有之举吧！

然而很少有人知道，约有80%居住于此种豪华住宅的家庭，都拥有不足为外人知道的问题。例如，老人或女主人长期的住医院，或时时看医生，或家里有视力不良的人，或者有精神衰弱的孩子，不然，就是家庭不和。居住于外表华丽的住宅的人，总是烦恼重重。如此各种现象，大都是来自水池的影响。

除了极少数的例外，家庭的水池最好填平。

今日的人不比往昔的人，极少能拥有广大的私人土地，造池泛舟。现在的私人房子所附设的水池，几乎都是密闭式的，也就是说不流通的。

此种池子的水会腐败，对人体的健康有不良影响。同时有很多不能超生的幽魂，大都偏爱湿度大、类似水池般的地方。一旦有这种幽魂集结于水池旁，随时都会引起灾害，这也就是造成凶相的最大原因。

只要以正确的方式，把池塘填平，即可免除凶相。

在填平池塘之前，必须先把水抽干，再把池底的泥巴完全掏净。最好是连池底的混凝土也敲掉，如果是太麻烦的话，就把它留着也无妨，因为它不至于造成灾害。

池塘附带的注水管或者污水管之类，必须全部撤掉，土壤里不能留下任何的水管之类。经过如此的处理之后，再使用好的土壤填平。置放池畔的小石，留着也不会构成问题。

私人住宅所允许的池塘，必须离开房子十八公尺以上，在住宅的东南方位上，即使是具备了这样的条件，还是填平比较妥当。除了这种条件的池塘之外，随时都可能引来灾祸。

同样是池子，如果属于流动性，又是由不特定的多数人集结的饭店、酒店、工厂、公司的话，那就不至于发生问题。有时，甚至会变成吉相呢！不过，这种池子必须使它成为环流式，周围最好种植一些树木。

15、地基不好的住房怎样改

一提起宅相，很多人都认为，惟有房子本身的吉凶最重要，只要方位及隔间安全就行了。但是事情并没有那么单纯，例如在盖房子以前，有些建筑地基就有某方面的问题，说明白一点，就是有鬼作祟。尤其该地基有过自杀者，或者曾经是战场的话，就难保平安了。

在这种有问题的土地上盖房子，不管盖出多么吉相的房子，仍然逃不掉土地所带有的不良信息的影响。

前几天，有一对历经千辛万苦购得房屋的夫妇来找我，说移到新居半年，好不容易亲近了一些邻居，交了一些新朋友，却很惊骇地听到，他们家门前的大树上，曾经有人吊死。

难怪迁入新居以后，他的妻子患了忧郁症，经常一个人关在家里，不言不语，有时连饭也懒得吃。

他的房子并没有问题。最叫人感到纳闷的是，他的妻子一向很活跃、开朗，迁入新居后却完全变样。我认为原因极可能就出在土地上。

那些有不良信息的土地非常难以处理，只利用一些简单的方法，绝对改变不了土地的吉凶。

不久以前，一位房地产公司的老板来找我。他说他的公司建设的一大片房地产已经脱手，偏偏其中的两个小区，无论如何也卖不出去，他带着我到现场看了看。

不看便罢，一看，使我大吃一惊！

在他卖不出去的那些地皮上面，赫然出现了几十个阴气信息，原来，此地曾经是枪毙犯人的场地。那些灵魂一直不离开他们死去的地方，长久以来不会为人所知，也始终不会受到供祀，一旦建屋住在此地，家庭必定会蒙受到灾害，而灾害的特征，首先会发生在精神方面。

例如，夜晚做恶梦而惊醒，身边不断发生怪事，纷争四起，叫人的心灵难以安宁，不久，即演变成精神不振、精神衰弱，肉体方面也会蒙受到损害。

人们都喜欢说："幽灵在作祟。"事实上，人死后机体中的80多种化学元素溶化于土地中，在受到地磁微波作用下，就会对人体产生一种特殊的作用力，使人的精神和机体功能产生紊乱，这就是所谓的鬼魂的作用。

表面上看住宅风水没有什么问题，但是移入新住宅之后，坏事接连发生的话，那就得怀疑该土地是否有问题。

一旦获知土地有问题，最好迁移到地基良好的地方。但是，为了达到个目的，财力与健康是不可缺少的，如果仍然居住于“有问题”的房子内，那么，为了家人的健康着想，必须举行“祓除不祥”的仪式。

如果说是在盖房子以前，那就应该举行奠基仪式，如果是购买现成房屋的话，因为无法知道是否举行过奠基仪式，因此，最好也举行供奉仪式。

当然，家里必须设置神坛、佛坛，每天虔诚地敬茶烧香，感谢神的保佑，并且也别忘了供奉祖先。如此一来，肉眼看不到的大自然灵气，将加诸你的身上，增强你及家人的魂魄之力，使居者的运气和身体得到加强，也可从心理上得到平衡。

通过信息调整，这个公司的房地产三个月之后都卖出去了。

无论是购买哪一片土地，都应熟悉当地的历史以及种种原由。时至今日，这种情报反而难以得手。这种情形，最好拜访当地的史学家，或者察看资料，彻底地调查土地的特殊条件。

如果连这一点都办不到的话，不妨作如下的自我判断。

凡是“阴气”作崇的土地，只要看到那一片土地，头部就会感到眩晕，叫人产生一种不舒服的感觉。或者你要到那儿以前会发生某事，使你无法顺利到达那儿。这是你自己的灵感预知到的这件事在通知你，凡是碰到这种现象，不要勉强。

又如，凡是有“××庙”，或者“××坟”的地名，都有调查的必要。

在你想购买房子和地皮的附近一带，如果夫妇反目成仇的人家太多、公司倒闭、离婚、夭折的人太多，那就要特别小心。除此外，像邻居不相往来，关系恶劣的也应注意。关于这点，只要多拜访几户人家就不难明白。

16、三角形土地上住宅怎样改

三角形土地是住宅风水的一大禁忌。有人认为建地总是长方形（四角形），事实上，三角形土地上的住宅也相当多。

提起了三角形土地的凶相，在炒地皮横行时期，有人对我说：“我的土地将被人抢夺了！”此人是深圳一家食品店的老板娘。她的丈夫是该店的主人，可惜风流成性，一直在外面拈花惹草。最近他上了一个交际花的当，做为借钱担保的土地登记书被拿走了，逼得老板娘没有心情做生意，到处找人帮忙。

在他父亲那一代，店铺与住宅分开来，待父亲故世以后，第二代的老板夫妇跟婆婆把店铺改装之后，干脆在店里住下来。但是搬过来不久，婆婆就因为脑溢血而逝去。从此以后，她的丈夫就在女人堆里打滚。

“我的朋友都说住宅风水太坏！您能指点迷津吗？”

老板娘一面恳求一面拉着我到她家。我去一看，简直糟透了，那算什么住宅风水呀！建地是不折不扣的三角形。而且，又完全的利用于住宅及店铺。在这种情形下运势会转好才怪呢！

三角形土地，不管在哪一方面都会带来最坏的结果。

三角形土地会对居住者的精神及脑部方面予以打击，以至不能做完善的思考，在女人堆里打滚就是最好的证明，生意方面也会蒙受到打击。听了我的话以后，老板娘想立刻搬家。但由于居住在三角形土地太久，就算立刻搬走，凶相仍然会暂存在，不可能使运势很快转好。

如果居住的土地呈三角形的话，那就得赶快把它变成吉相的形状。只要土地相当的宽阔，处置起来一点也不困难。例如把三角形锐角部分，弄成围墙、树墙。或者种植一排树木隔断。在生活方面，不要使用这个锐角部分。

隔开的部分，可以当花坛，或者菜园，甚至可以种植一些较矮的树木；在生活方面，只要使用长方形的那一部分土地就行了。

经过如此改良之后，即可避免三角形土地所带来的灾害。如果没有余裕的空间，则必须让锐角部分时时保持绿意（种植乔木、灌木、花草），这是绝对必要的条件。

隔开的锐角部分，也不能当成车库或者仓库使用。必须把它当成“跟你无关的空地”，绝对不要使用它。

万一土地小得实在可怜，隔开锐角部分不用，房间就不够使用的话，那最好另找房子搬走，空下来的土地可当仓库或者停车场使用。因为居住于三角形土地上，绝对没有安全可言。

在我居住的城市，一位朋友开了一家餐馆。老板购买的是一片相当大的三角形地皮。最初，他想把地皮的锐角部分当车库使用，可是在友人的规劝下，来找我研究。因为那个一角部分刚好有个花坛，于是，我就建议在那儿开辟一个花园，餐馆老板也同意这样做。

不久以后，那个锐角部分一年到头都有美丽的花朵绽开，客人们驻足观赏，加上老板的手艺很不错，生意非常好。这家餐馆的老板，把不祥的三角形土地有效地利用，使得凶相转变成了吉相。而且身体好、财运好。

17、住宅三面受到道路包围怎么办

居住于三面被道路包围的住宅，一家人将频频发生事故。三面被道路包围的建筑，是名副名实的凶相。这里所说的道路，是指公共的道路，非指私人小路。

虽然同是三面被道路包围，不过，根据方位的不同，所带来的凶意有强有弱。从凶意的影响大小次序来说，以西、北、东三方位被包围的建筑为最凶；第二是北、西、南三方位；第三是南、东、北方位；最后是南、东、西方位。

三方面被道路包围的建地，其凶的程度虽不及古战场或发生过自杀事件的土地，不过，家族会时常受到外伤或突发事故的危害，而且，凶相会越来越激烈。

只要建地比较大，此种凶相是可以防止的。下面就针对房子被道路包围的状态，一一加以说明。

（1）西、北、东被道路包围的情形

只要把它弄成二方位道路包围的建地即可。换句话说，把它弄成棱角的建地。如此一来，可以防止从西方位入侵的气流。其方法为：可在西侧的道路边种植杉、赤松、刺柏等针叶树。并且设法使建地无法使用到西侧的道路。在针叶树下植灌木类植物，那就更安全了。

如果西侧有门的话，就把它堵起来，可以在东侧设置新门，不过必须以不是主人十二地支的方位为原则。

（2）北、西、南被道路包围的情形

为了利用西南的棱角地，在北侧的道路种植一排树木。最好种植常绿阔叶树。如果门在北侧的话，最好把它堵死，除非主人的生辰十二地支在南方位，否则不可在南方位造门。

（3）南、东、北被道路包围的情况

这种情形，可以把它从最恶劣的条件，变成条件最好的建地。也就是说，可以把它改变成东南棱角的地形。其方法是，在北侧的道路种植橡树等常绿阔叶树。

同样的，必须避开主人十二地支的方位，可根据职业，在东、南、东南的任何一个方位造门，都可成吉相。如果北侧有门的话，必须把它堵死。改在东方到南方位之间设

置吉相的门。

（4）南、东、西被道路包围的情形

这种情形，亦可能形成最高吉相的东南棱角地，也就是说，在西侧道路种植黑松等针叶树。种一棵针叶树之后，再种一棵落叶树（红叶等）。不过，千万不可种植太大的树。

同时，也可以在准备堵住的道路一侧筑一道围墙。

如果是三面被道路包围的狭窄建地，因为没有防止的办法，只能尽早地搬走。

吉隆坡郊外有一位富商，一家人居住在三千平方米的地方，广阔的建地上有一栋建筑很好的房子，美中不足的是，这栋房子三面受道路的包围。主人已发生了好几次车祸。同时好几次也莫明其妙的受了伤，不久以前，因为肠癌而去世。他的妻子来找我，问我如何处置那一大片土地。这时我才发现那一大片地，原来具有三方被道路包围的凶相。

所幸，土地还余留下很多空间，于是，我建议她留下两面的道路，另一方的道路旁就建筑十栋房子出租。换句话说，把另外一条道路完全让他人使用。

诸如这种凶相的土地，如果有地建筑多数人利用的大楼或公寓的话，那就比较安全。假如土地太狭小，无法预防的话，那就用建筑公寓或旅馆，借众多人气来防止恶现象的发生，这也是一种好方法。

18、住宅空间不好怎样改

多少年以来，中国人深受"天圆地方"的观念影响，所以日用物品多是以圆形或方形为主。举例来说，传统的建筑便是以方形为主，圆形为辅的。

中国传统的房屋，无论是外墙或是内部厅房，大多是方形的，四平八稳。透出堂堂正正，不偏不倚的气势，令人不禁肃然起敬。风水学重视的正是这类方正无缺的房屋。

风水学认为，房屋以方正为佳。若是狭长形或不规则形，则被视为不吉。

但现在都市里的大厦单位多为狭长形或不规则形设计，一般人因无可选择而购买下来，但心里却始终存有阴影，难以安心居住。

到底这些狭长形或是不规则形厅房是否真的无可救药呢？这是很多人都关注的问题，现在便谈谈补救之道。

狭长形的厅房

所谓狭长，是指长度超过宽度一倍以上。

如长度十米，而宽度只有四米，就为狭长，这样非但有风水方面有问题，而且在室内设计方面也很难处理。在这种情况下，最好的解决办法，就是把客厅用矮柜、梳妆台等家具一分为二，把长条切割成为两个方形的空间，这不但符合风水之道，而且亦可改变视觉观感，看起来不再有狭窄的感觉。

这样做，有以下几点需要注意：

分隔的部分应该尽可能靠近中线，因为这样分隔开来的两部分才会呈现方形，否则便会失去原来的意义。

应该尽量用较矮的家具来作间隔，若是三尺以上的矮柜或梳妆台则更为理想，因为这样才可令分隔起来的两个空间声气相通；倘若用高柜或高的板墙来作间隔，这便大打折扣了。

用来作为间隔的家具要尽量避免对正门。如果这样，那便会对房中的人不利，特别是在健康方面。故此应该留意不可让这类矮柜对正小孩的房门。倘若真的避无可避，便只有在矮柜旁摆盆植物来作补救了。

狭长形的睡房

刚才所提及的是狭长形的大厅，而狭长形的睡房亦可采用同样方法，把睡房一分为二。如果躺在床上望着这样狭长的睡房，便会有孤清冷落的感觉，那些神经敏感的人便会胡思乱想而产生很多的幻觉。

但如用矮柜把这狭长的睡房分隔为二，一边作为化妆间或书房之用，另一边则作为睡觉之用，若在矮柜上放置电视机，那么躺在床上还可欣赏电视节目。

经过如此改动之后，睡房中不再有空洞无物之感，心理上便觉踏实多了。

有一点请注意，有些用镜子来作为睡房的间隔，其实这是并不适宜的。倘若镜子向着化妆间或书房那边尚无大碍；但若是向着睡床那边便犯了风水学的大忌，往往导致疾病发生。

19、房间内镜子与玻璃摆放不好怎样改

玻璃与镜子均是家庭常用的装饰材料，倘若运用得宜，不但可以增加房屋的深度，在视觉上感到宽阔一些，而且亦可以增加房屋的照明度，感到光线更明亮一些。

但是，倘若运用不当，非但会破坏屋内的格调和气氛，有碍观瞻，而且亦会对家宅风水有所影响。

有鉴于此，现在便谈谈这个问题，以供各位作为家庭装饰布置的参考。

我发觉很多人常把玻璃与镜子混淆在一起，分不清楚；其实两者有很大分别。玻璃是透明的，不会反照，所以透过玻璃窗可以看到屋外的景物；而镜子则不透明，会有反照的作用，因此可以在镜中看到自己。玻璃与镜子既然各有特性，所以在风水学以及室内装修方面自有不同的宜忌，不可混淆。

（1）镜子

在风水学方面有很多避忌，故此不宜随便摆放。镜子的摆放，首先要记着一个大前题，那便是镜子不宜对自己，同时也不宜对正吉利方位！

为什么会有这种忌讳呢？要知道其中的因由，必须先明白镜子在风水学方面的作用。

用在风水方面的镜子有很多种类，例如是凹镜、凸镜、八卦镜、白虎镜等等，这些镜子主要是用来“照煞”的。所谓“照煞”，是指悬挂这类镜子，使它对正直冲而来的凶煞，把煞气反照回去，以免被煞气冲克而受损。

既然镜子在风水方面主要是用来照煞的，那自然是不适宜照正自己了。如果镜子照正床头，绝对不适宜。因为那会导致睡眠不宁，甚至疾病缠身。

在风水学来说，镜子对正床头固然是大忌，若是对正炉灶则更不适宜，所以在安装镜子之前，请先看看是否对正炉灶，以免导致人丁不安。

此外，镜子对正大门或房门也并不适宜。镜子对正大门，主凶，故此可免则免。现在有不少人喜欢采用镜子来美化家居，这类镜子有很多种类，有厚的亦有薄的，有净色的亦有画上图案的，这在风水学上并无多大分别。

但有一点需要注意，不论采用哪一种镜子来装饰，最好不要有吊脚的情况出现，这即是镜子下沿不到地则不宜。若以矮柜来承托镜片，那便较为理想。

（2）玻璃

因为玻璃透明透光，而且厚度有限，所以有不少人喜欢用它来作间隔之用。玻璃既然透明透光，所以用它来作间隔，一来可使视野无阻而令房屋显得宽阔，二来可使光线不受阻而令房屋显得明亮。此外，玻璃因为厚度有限，故此若与其他间隔材料相比，可以节省多些空间，但玻璃虽然具有以上这么多种优点，可惜其本质较为脆弱，容易碎裂，所以对于有小孩的家庭并不适宜。

为了家居安全着想，我认为采用玻璃砖来替代较为适宜。原因是玻璃砖既有透明透光以及节省空间的优点，但却甚为坚固，没有碎裂之虞。

无论是玻璃还是玻璃砖，因为不会反照，所以不必像摆放镜子那样多的顾忌，所以即使对正大门或是自己的床头亦无大碍。

第四章

图解阳宅风水：68例阳宅风水图谱

学习风水最大的难点在于：即使你懂得了很多理论，但在实地勘察中仍然不得其法。这是很多初学者常遇到的困惑。要解决这一问题，最简单、最根本的方法就是多看图例。本章总结了68种常见风水图例，初学者常看常习，便可在实际应用中融会贯通前面所学到的风水知识。

本章导航

图例一：子孙发达宅
图例二：天赐富贵宅
图例三：家运衰落宅
图例四：择吉上梁勿延期
图例五：四方泄财宅
图例六：双路夹间宅
图例七：青龙白虎宅
图例八：朝阳水环宅
图例九：孤儿寡母宅
图例十：火砂克亲宅
图例十一：不吉招讼宅
图例十二：儿孙忤逆宅
图例十三：邪淫招乱宅
图例十四：缢颈是非宅
图例十五：致残离乡宅
图例十六：沉疴缠身宅
图例十七：伤风败俗宅
图例十八：忤逆不孝宅
图例十九：建业在外宅
图例二十：财散离乡宅
图例二十一：池塘绝后宅
图例二十二：堆土积患宅
图例二十三：川字破财宅
图例二十四：玄字积财宅
图例二十五：财库功名宅
图例二十六：单耳不吉宅
图例二十七：疾患多祸宅
图例二十八：众叛亲离宅
图例二十九：小儿不安宅
图例三十：　孤家寡人宅
图例三十一：焦尾血光宅
图例三十二：主妇口舌宅
图例三十三：家败人亡宅
图例三十四：双耳多祸宅
图例三十五：反弓败财宅
图例三十六：丁财两旺宅
图例三十七：妇幼多疾宅
图例三十八：招贼破财宅
图例三十九：脊射克子宅
图例四十：　儿孙美名宅
图例四十一：福禄俱齐宅
图例四十二：家势显赫宅
图例四十三：玉带环抱宅
图例四十四：伤子损丁宅
图例四十五：富贵多子宅
图例四十六：东西不顺宅
图例四十七：主妇不吉宅
图例四十八：阴阳不畅宅
图例四十九：屋基吉相宅
图例五十：　泻气无子宅
图例五十一：方形吉地宅
图例五十二：明堂聚气宅
图例五十三：宅梯致凶宅
图例五十四：东窗发财宅
图例五十五：吉地富贵宅
图例五十六：光明向吉宅
图例五十七：动土不尽宅
图例五十八：吉利造屋宅
图例五十九：角射正门宅
图例六十：　祸水连连宅
图例六十一：家运衰落宅
图例六十二：气旺兴家宅
图例六十三：夫妻不合宅
图例六十四：车库吉凶宅
图例六十五：子孙不孝宅
图例六十六：主梁断运宅
图例六十七：缺位致祸宅
图例六十八：家庭不睦宅

图例一：子孙发达宅

有水自西流来向东流去，东面又可看到长流及九曲的河渠，后面地势高又走势绵远，居此宅地，儿孙顺昌且家桑岁岁丰收。

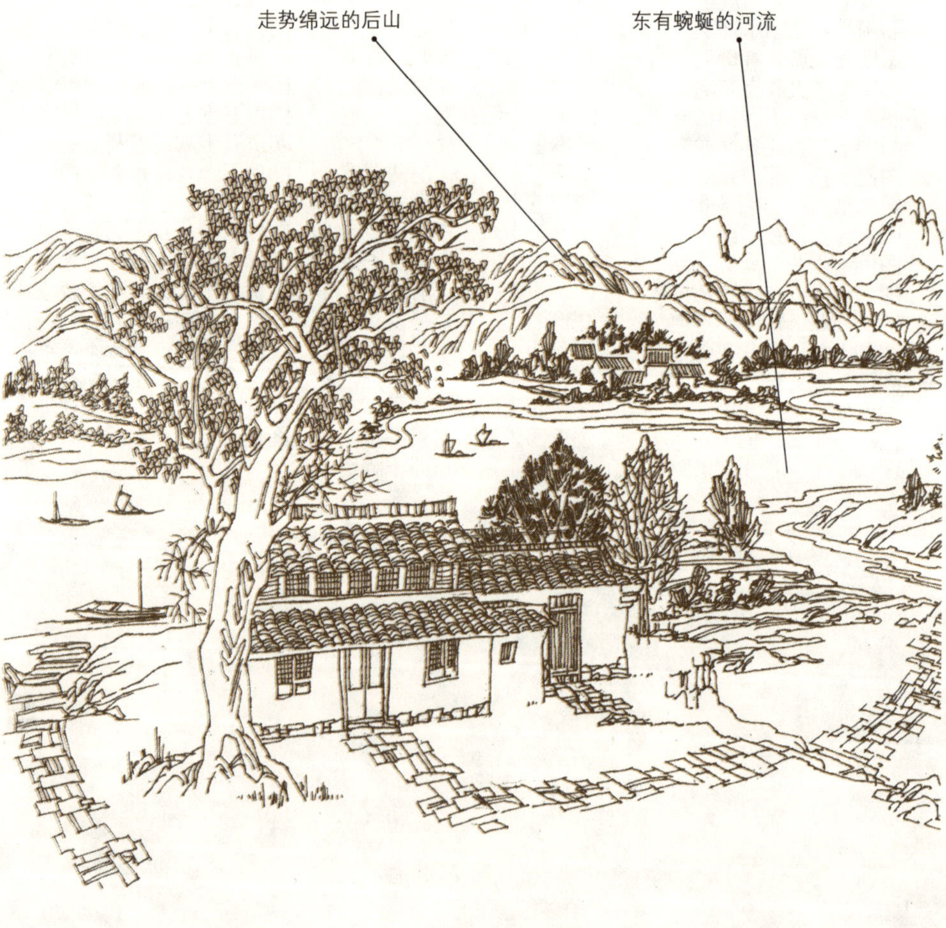

图例二：天赐富贵宅

后面高有丘陵，前面又近池塘，又有长坡在西北方越伸展越高，住在这种地方便得天赐富贵，仓中粮食丰足，辈辈儿孙都能身着紫衣，封高官。

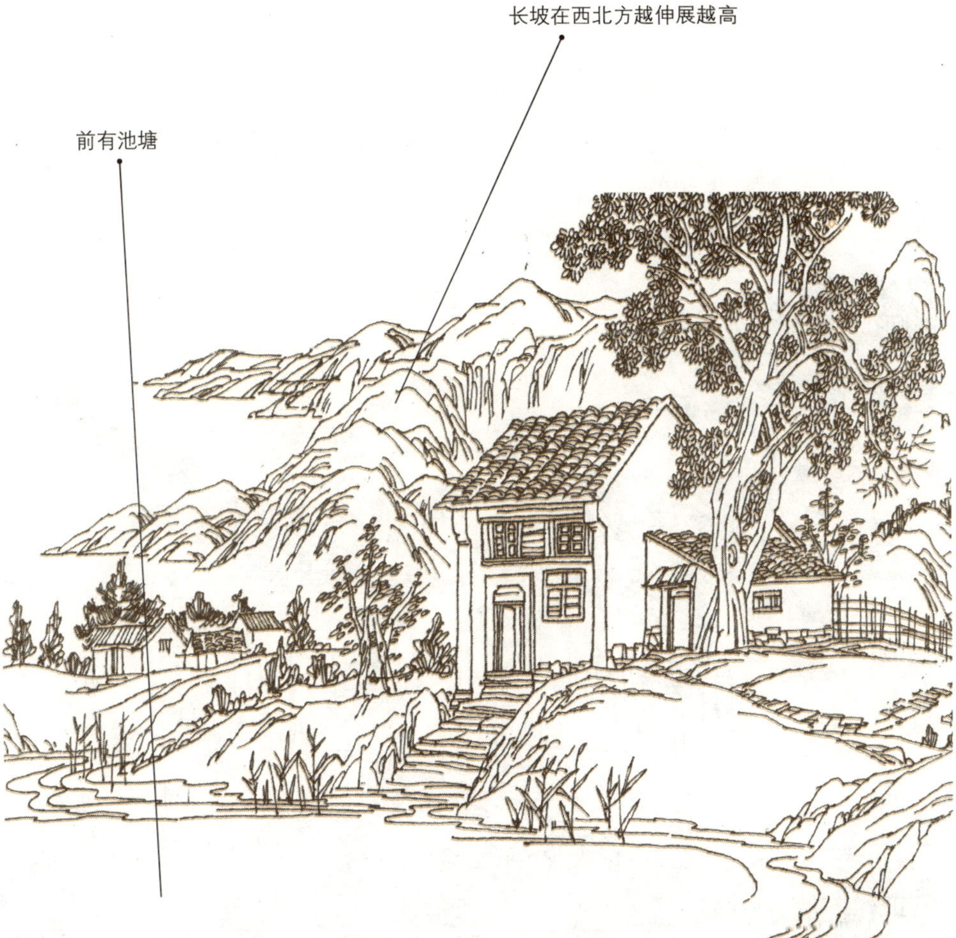

图例三：家运衰落宅

住宅庭院不可铺设大量石头或碎石，否则招阴气，家运衰落。

图例四：择吉上梁勿延期

住宅的建造，柱比梁要粗大。上梁之前，应选择吉日，必须当天完工。如做不到，大凶。

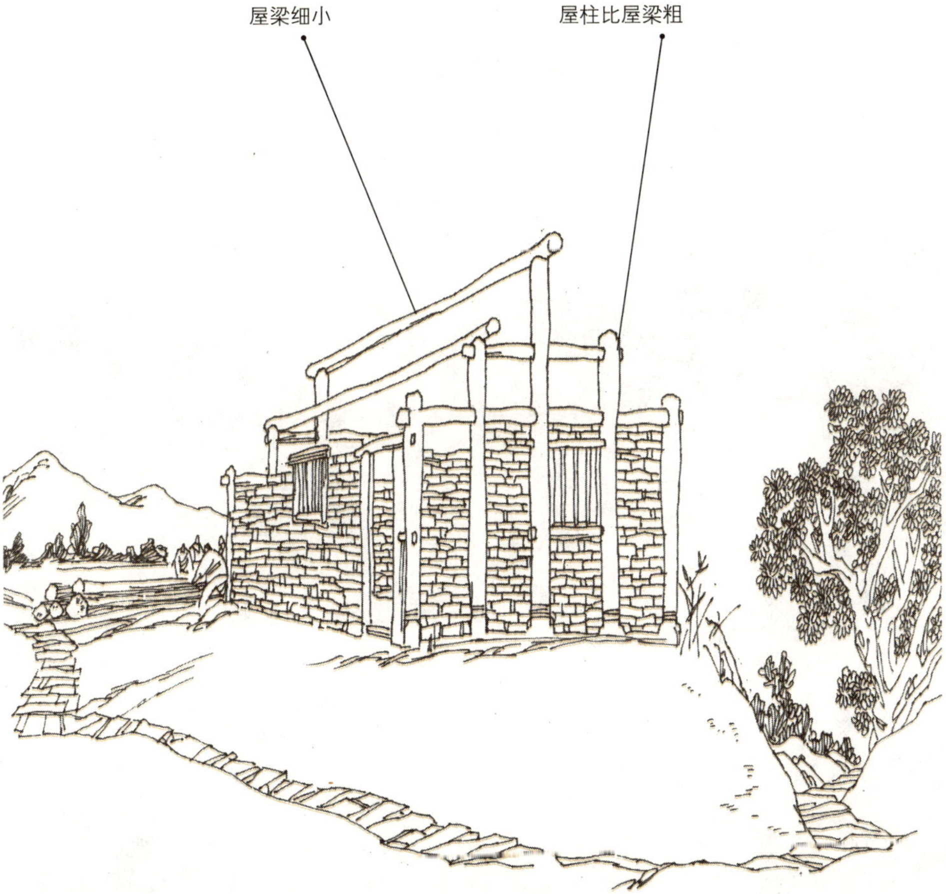

图例五：四方泄财宅

住宅四面均有道路便注定有祸殃，灾祸来时让你受不了。假如不是败损钱财或因灾祸而死，也会投河上吊或者掉落井中而亡。

图例六：双路夹间宅

屋宅两边有路通过必会生灾殃，百事难成还会有死伤；会遭贼人偷盗钱财又败散，且兼多惹官司而被官府所损害。

图例七：青龙白虎宅

屋宅东边的流水势大无穷，西边的大道又是主享通，为何住在这里会富足显贵齐兼得？原来这种宅形叫做右有白虎，左有青龙。

图例八：朝阳水环宅

前有丘陵后有山岗，西边又有朝阳之水环绕抱护，向东行则地势逐渐低下超过一里，在这种地方建宅安居最好不过。

图例九：孤儿寡母宅

门前有三塘及二塘，男人死去孤儿寡母哭声长。判断其家祸福那是明明白白，小儿落水大人泪汪汪。

图例十：火砂克亲宅

屋宅前面若有火砂（尖头山）便是凶沙，左边的火砂会使做兄长的死，右边的火砂将令当弟弟的亡，正面火砂射来也同样要导致上述灾祸。

图例十一：不吉招讼宅

停丧破屋在住宅面前，其家就会连绵不断惹官司。还常招来怪物入门庭，血财尽死又遭瘟疫纠缠。

图例十二：儿孙忤逆宅

门前有这种树的人家必然出忤逆，家中兄弟相打相争。子骂父亲无天道，媳欺家婆更不合人伦。

图例十三：邪淫招乱宅

怪树肿头又肿腰，主家中奸邪淫乱小鬼也成妖。猫鼠猪鸡都要成精作怪，疾病肺痨没完没了。

图例十四：缢颈是非宅

所谓缢颈之树便是有藤缠树上，这种树如果是处在禄存（“祸患”方位，次凶）方上，妇人就会是非口舌搅得亲戚邻里之间不安宁，还要遭逢瘟疫，发生火灾丧命。

图例十五：致残离乡宅

树梢向外伸长的叫作离乡树，主落水淹死或徒刑发配。家人多患曲背驼腰或瞎眼，小鬼还要常来惊扰家人成灾害。

图例十六：沉疴缠身宅

形似痈肿的鬼怪之树在门前，盲聋喑哑痨病来纠缠。妇人时常惹怪来家中，偷鸡摸狗使人发癫。

图例十七：伤风败俗宅

门前水路向前卷，家中淫乱不堪言。成孤守寡、少年夭折，多有各种伤败事，遭逢火灾还有瘟疫来缠身。

图例十八：忤逆不孝宅

门前如果看见这样的尖头山，便知这是军兵盗贼夜行人的家。出的人多患眼疾并忤逆，兄弟失和分居饿死老爹。

图例十九：建业在外宅

远离家乡的是这条路，儿孙由此外出皆能发达富贵。若然是一条直路出去不回还，那是要出离乡不还家的人。

图例二十：财散离乡宅

门前流水分开呈八字形，必然卖尽田园走他乡。家中淫乱婚嫁不用媒，定出妻妾成群分房别居的祖宗。

图例二十一：池塘绝后宅

门前有塘屋后亦有塘，注定儿孙代代都是少年亡。赶快用泥将屋后塘填起来，免得往后再受祸殃。

图例二十二：堆土积患宅

这屋宅门前有大土堆，住在这屋里使人婴儿早产。更兼年年患眼疾，火煞临头时更要招惹灾殃。

图例二十三：川字破财宅

门前若有三条直路并排如川字向前伸展，必是破散家财而且年年惹官司。假如这三条路直射到明堂来，便如三箭射来，三男为此而丧身。

图例二十四：玄字积财宅

大门的当面如果有条玄字路，其家钱财谷物定会多无数，而面前的路如似蚯蚓爬行状，家中定出身患肺痨疾病痛苦人。

图例二十五：财库功名宅

这样的人家大发财，猪羊六畜自然来。读书聪明才出众，人丁兴旺声名显，只是气恼事多又有眼病灾。

图例二十六：单耳不吉宅

北房的东头连着一间小房，这名叫："单耳房"，主小口马牛要有伤损，不吉利。要赶快将小房拆掉，或作法术将它的煞气镇住，才得吉利。

图例二十七：疾患多祸宅

此屋门前这样的两口塘，那是在明堂上为人啼哭。这会令家人多疾病，还要惹上祸事瘟疫及火灾。

图例二十八：众叛亲离宅

屋前面水路翻飞，主离妻，瘸跛孤儿随母去改嫁，顺水淫乱注定家人要生离。

图例二十九：小儿不安宅

大门当前小石参差错落，要说其家闹鬼时时都会说得中。小儿惊吓那是不用说了，身患气绝聋哑时还不易觉察其原因。

图例三十：孤家寡人宅

如像这种屋宅处在大树之下，判断其家人丁孤寡保准没错。招郎上门乞子来家都是必有的事，瘟疫怪物还要交加侵害。

图例三十一：焦尾血光宅

如果翻修旧房，用新椽从旧房接出连着前后房屋，叫做“焦尾房”，主人口损伤，有血光、火光之灾，及官事口舌之祸。

图例三十二：主妇口舌宅

如果在南北二房之间的中部修盖东西房，便叫做“工字房”，主家中妇人小儿不利。

图例三十三：家败人亡宅

堂屋西侧接着一间小房名叫“孤独房”，主家败人亡，家事大凶。只有将这小房拆掉，或作法术镇住，才得吉利。

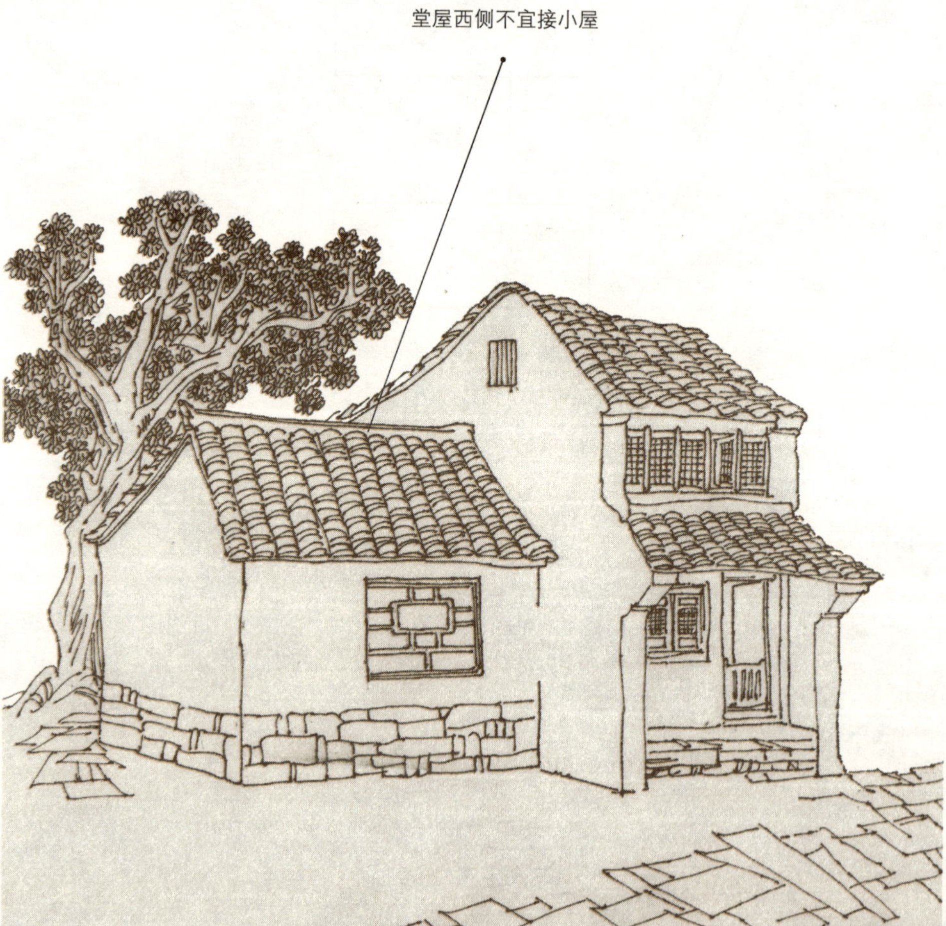

图例三十四：双耳多祸宅

堂屋两侧各接一间小房叫“双耳房”，主大小家人患暗风、黄肿、咳嗽以及出血的疾病，要赶快将小房拆掉。

图例三十五：反弓败财宅

屋宅门前有一道路似反弓，弯弯向外，主伤丁败财出孤寡，大凶。

图例三十六：丁财两旺宅

屋宅门前有一道如眠弓，弯弯内抱，主丁财两旺多富贵，男义女贤俱峥嵘，大吉。

图例三十七：妇幼多疾宅

屋宅门前有三角塘，主家内儿孙眼睛失明，更兼妇女多疾病，大凶。

图例三十八：招贼破财宅

北方有条大路正冲屋内来，主多招盗贼破散钱财。男人常患疾病多灾害，家境贫穷家人不和，吵吵闹闹心不齐。

图例三十九：脊射克子宅

前面屋脊射左房，长子就要命先亡。屋脊若是射右房，幼子必定走离乡。如果两道屋脊对着各房齐来射，必定射得人口家业浪荡光。

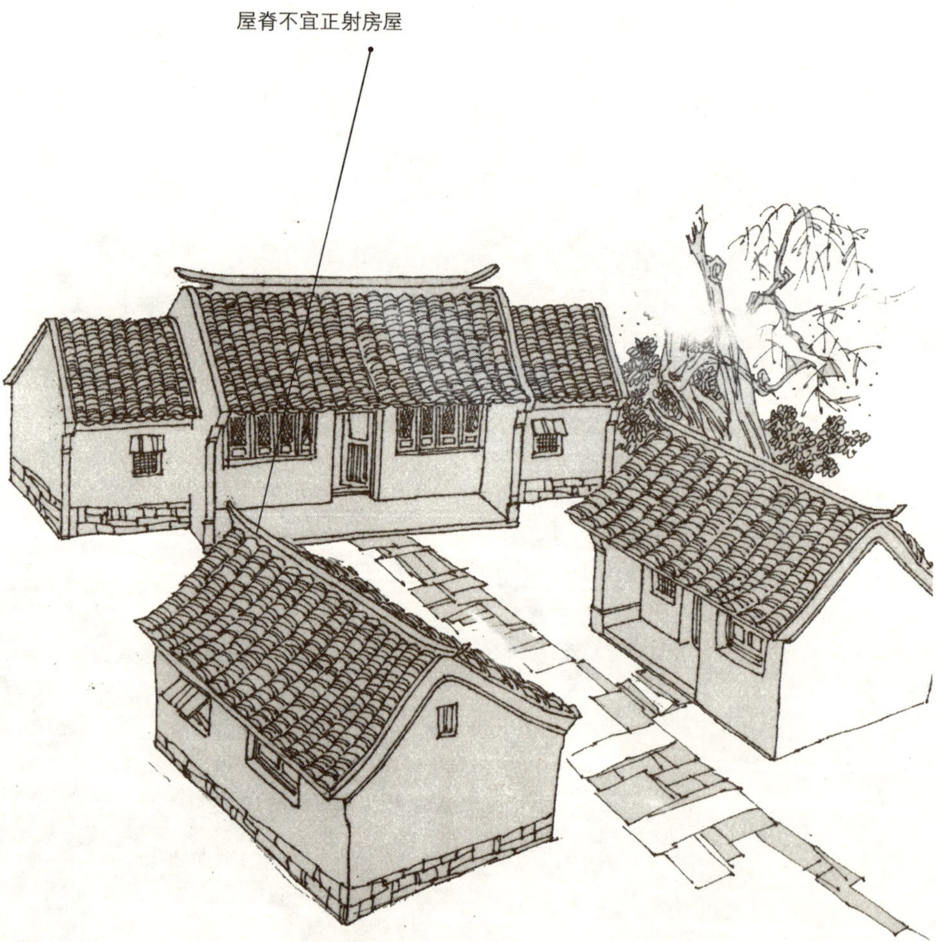

图例四十：儿孙美名宅

苍苍翠竹环绕屋旁，风影如画令人羡慕。这样的房屋，大房常出官、住小房之人也贵，儿孙个个有功名。

图例四十一：福禄俱齐宅

这种屋宅左右有流水长渠，日久以后儿孙们会福禄俱齐。多有粮食钱财常享富贵，且儿孙的聪明俊逸还会胜过祖先。

图例四十二：家势显赫宅

前后高山两相宜，左右两边又有沙水池，这种宅形会使家势显赫，富贵代代相传，人人长命与彭祖一样高寿。

图例四十三：玉带环抱宅

屋宅门前有水似玉带，弯弯环抱，甚为有情，主家必然富贵，儿孙英奇，光耀门庭。

图例四十四：伤子损丁宅

屋宅门前有碾磨当门，主家中伤尽小口又损丁，大凶。应速移碾磨适宜远，方能兴旺得太平。

图例四十五：富贵多子宅

住宅基地或屋形往南北方向呈方长形者，大吉。居住人富贵多子，生活愉快。

图例四十六：东西不顺宅

住屋基地或屋形往东西方向呈长方形者则不吉，尤其是南北两方再陷入更凶。

图例四十七：主妇不吉宅

住宅面西开窗，大凶，导妇人月经不调。

图例四十八：阴阳不畅宅

正面大门绝不可有大树。因为大树在门前，不但阻挠阳气进入屋内，屋内的阴气也不易逐出。从实际生活来说，不但家人出入不便，万一下雨打雷也有招雷电的危险，而且落叶易入室内，无法保持清洁。

图例四十九：屋基吉相宅

住宅基地，前低而后高属大吉，反之前高后低则不吉。

图例五十：泻气无子宅

住宅基地，以院子围墙为准，无围墙者以平面为准，西北方欠缺不足，虽不损贵气，但却有缺少儿子的倾向。在健康上对呼吸系统不利。

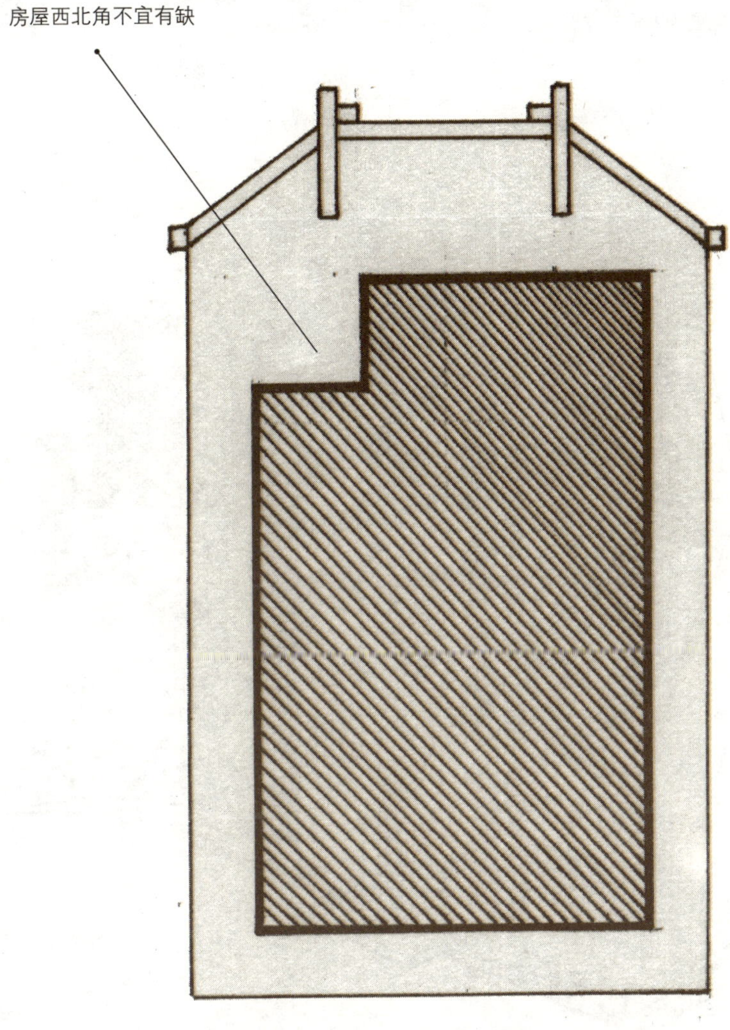

图例五十一：方形吉地宅

住宅基地或屋形属方形状，住之大吉。

图例五十二：明堂聚气宅

住宅前有半圆形池塘或溪水，圆方朝前，基地主正，大吉。

图例五十三：宅梯致凶宅

楼梯设在住宅中央，大凶。

图例五十四：东窗发财宅

住宅内向东开窗最吉利。

图例五十五：吉地富贵宅

住宅基地或屋形前圆后方，居住了以后富贵双全。

图例五十六：光明向吉宅

住宅南部有空地属大吉，安心居住。

房屋南部有空地，大吉

图例五十七：动土不尽宅

土地上建房子，务必将草木根部都铲除干净，否则遗留祸根，灾祸事接踵而至，屋宅主人运开缓迟，苦难连连。

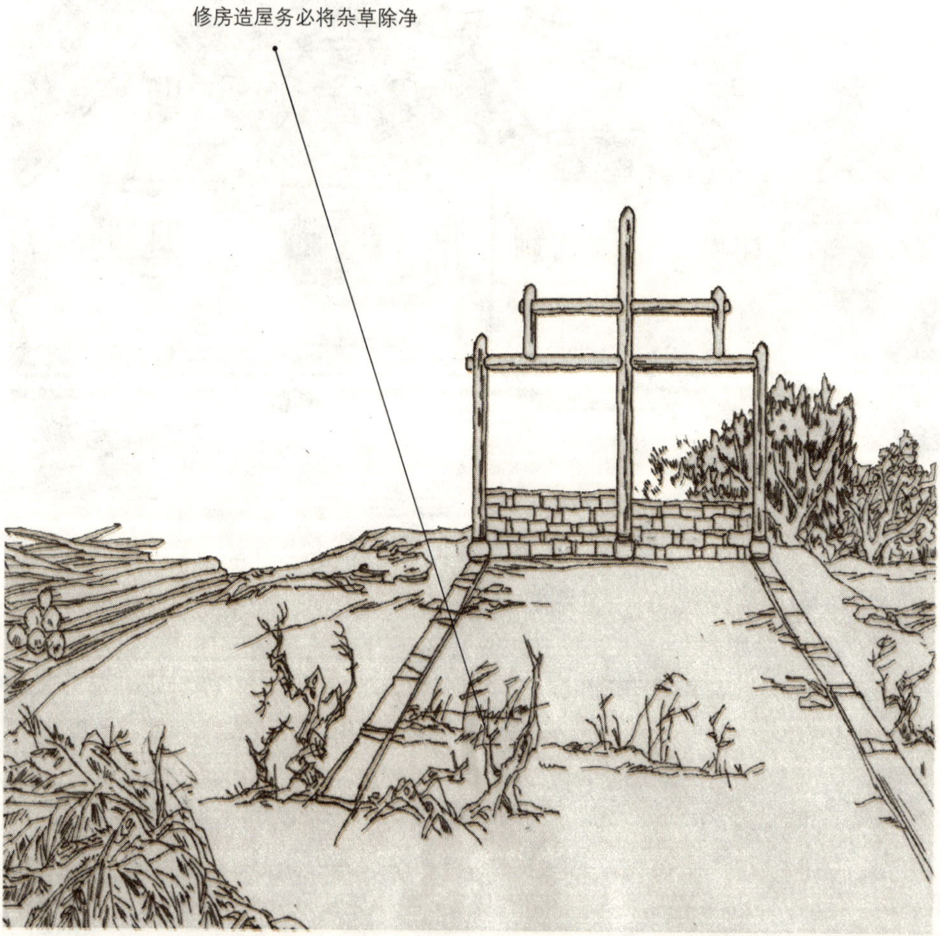

图例五十八：吉利造屋宅

建房子由内向外建造大吉，由外向内发展不利。

图例五十九：角射正门宅

住宅大门对别人屋角，大凶。

图例六十：祸水连连宅

将溪水引入庭院，大凶。

图例六十一：家运衰落宅

住宅大，住人少，主家运将逐渐贫困，大凶。

图例六十二：气旺兴家宅

住宅小，住人多，大吉。

图例六十三：夫妻不合宅

宅南部分若有门有窗，必须有屋檐或遮阳板，否则家中容易发生争吵事故，夫妻感情易变等。

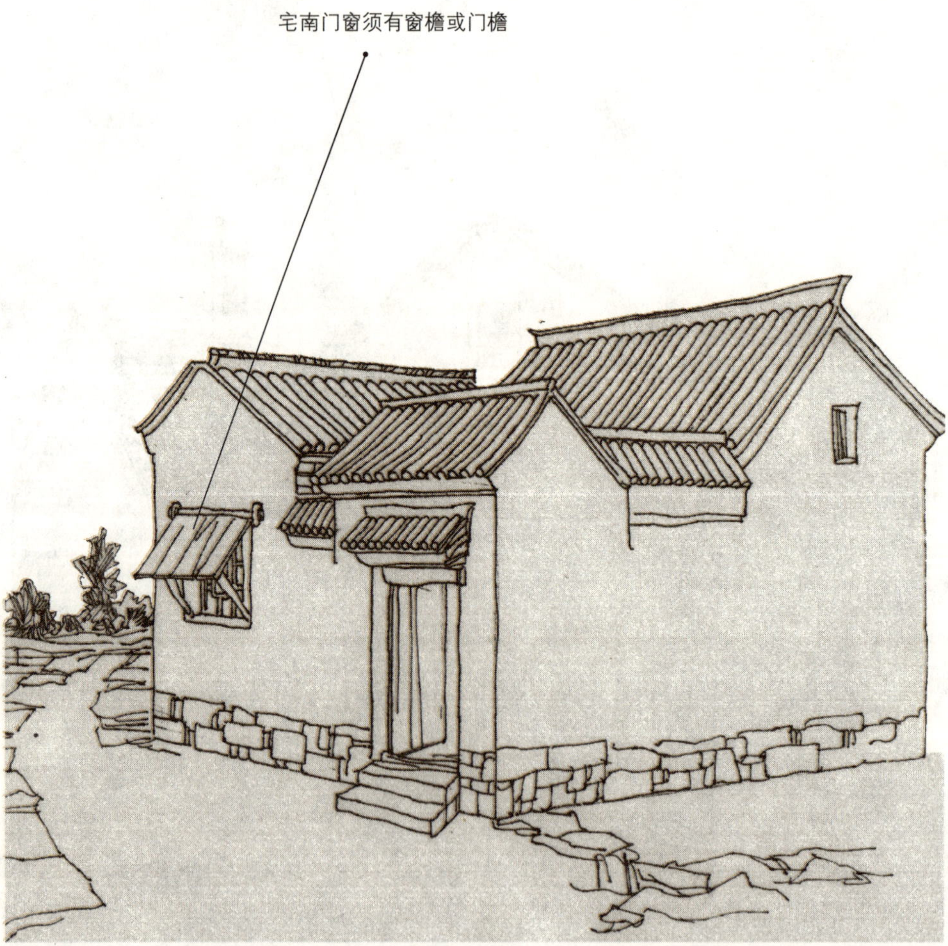

图例六十四：车库吉凶宅

拥有自用停车库的宅房，车房前面要宽敞，若狭窄则凶，沿海则大吉。

图例六十五：子孙不孝宅

从屋外可看见此屋最大主柱的方向，此宅住家可能出不孝子，宜避免。

图例六十六：主梁断运宅

住宅屋顶主梁非一直线贯穿全屋，尤其平房住宅，主大凶。

图例六十七：缺位致祸宅

住宅基地与屋形南北两方有缺，居住了以后，经常会招惹官司，家人常生病。

图例六十八：家庭不睦宅

住宅基地或屋形，独南方有缺陷，虽可富有，但家庭中经常起争吵事件，不得安宁。

第五章

图解阴宅风水:76例阴宅风水图谱

在现实生活中，阴宅风水相对阳宅风水而言，其应用范围较窄，但阴宅风水所包含的古代传统文化内涵却颇为博大精深，我们有必要对此进行深入了解和研究，对了解我国灿烂的古代文明有着极大的帮助。

本章导航

图谱1：排天宝柱龙
图谱2：贪狼独步龙
图谱3：寒波映月龙
图谱4：芦花枭龙
图谱5：双凤翱翔龙
图谱6：平分风月龙
图谱7：朝天笏龙
图谱8：独步丹霄龙
图谱9：御屏龙
图谱10：沙堤独步龙
图谱11：云雨应时龙
图谱12：金冠霞帔龙
图谱13：一箭穿杨龙
图谱14：执简跳龙门
图谱15：芦鞭趋朝龙
图谱16：紫薇帝星龙
图谱17：文武两情龙
图谱18：三台文星龙
图谱19：高迁富贵龙
图谱20：人字龙
图谱21：雁序联标龙
图谱22：走马还朝龙
图谱23：登坛拜将龙
图谱24：联珠缨络龙
图谱25：小飞蛾龙
图谱26：大飞蛾龙
图谱27：宝盖龙
图谱28：富贵双全龙
图谱30：小宝盖龙
图谱31：攀鞍天财龙
图谱32：仙人束带龙
图谱33：覆地金瓯龙
图谱34：玉阶登名龙
图谱35：和合金鱼龙
图谱36：金鱼龙
图谱37：弦歌临政龙
图谱38：神仙出洞龙
图谱39：冲天飞蛾龙
图谱40：飞蛾龙
图谱41：铁拐一枝龙
图谱42：铁拐龙
图谱43：小铁拐龙
图谱44：铁拐星龙
图谱45：太乙龙
图谱46：覆钟龙
图谱47：正一文星龙
图谱48：波斯献宝龙
图谱49：长鞍马龙
图谱50：平地铁拐龙
图谱51：独步丹墀龙
图谱52：正一文星龙（二）
图谱53：一字木星龙
图谱54：品字三台龙
图谱55：旺龙星龙
图谱56：飞蛾清贵龙
图谱57：带叶文星龙
图谱58：金冠霞帔龙（二）
图谱59：朝天左右马
图谱60：宫盖席帽龙
图谱61：排军五脑龙
图谱62：圣人宫殿龙
图谱63：小三台龙
图谱64：秀不文星龙
图谱65：朝大马龙
图谱66：玉堂龙
图谱67：玉枕龙马贪狼
图谱68：群僧出洞龙
图谱69：宝剑出匣龙
图谱70：金箱玉印龙
图谱71：统天文龙
图谱72：点军龙
图谱73：统天武龙
图谱74：跪炉势龙
图谱75：独步丹墀龙（二）
图谱76：牙笏龙

76例阴宅风水图谱

图谱1：排天宝柱龙

排天宝柱作来龙，
宰相分明在此中。
若有明师扦此穴，
其家富贵禄千钟。
星峰四面起团团，
五星来龙入穴端。
定断少年食天禄，
名标金榜几人看。

此龙出宰相，名振四海，富贵不替。

【简释】

上图为排天宝柱龙格，四周表示众山，中间表示孤起一峰，高耸入云，在这样的环境中择穴，富贵无比，而且代代不衰。

图谱2：贪狼独步龙

贪狼独步上青天，
登科及第为知县。
更有贪狼如笋出，
神童宰相握京权。

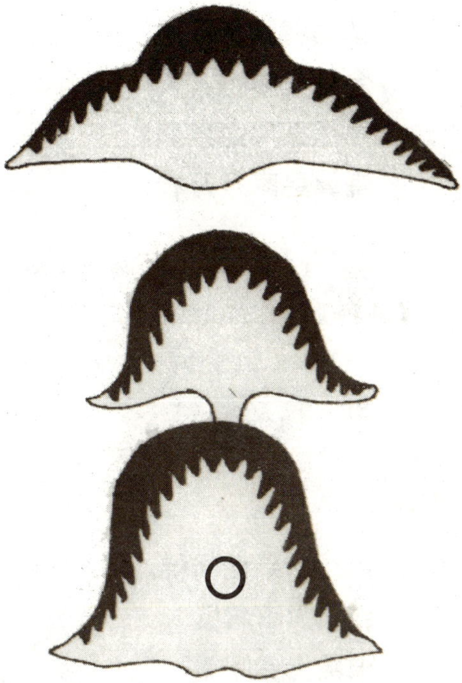

一个贪狼名独步，出知县。更有贪狼如笋，出神童；后架火星，出众官，出人拜相。第二代出及第，第三代出宰相。

【简释】

上图为贪狼独步龙格，上面一山如青云独步，故名。此格表示上面一山为龙头，下面二山为龙头的延伸，重叠两层，所以表示第二代出及第进士，第三代出宰相辅公卿，其福力越来越重。

图谱3：寒波映月龙

文武官班出此中，
更兼富贵足财丰。
若然巧点真仙穴，
合使全家受国封。
镇国将军若有神，
金吾左右是其人。
手提三尺龙泉剑，
辅翼皇家万万春。

注曰：又名金盘珍珠，又名天井贪狼。富贵双全，朝官无数。

【简释】上图名叫寒波映月，又叫金盘珍珠、天井贪狼。四周山峰分耸，联成一线，中间突起一峰，如水中月影。此处扦穴，主后世代代出朝中官员，且父子、兄弟往往同朝为官。

图谱4：芦花枭龙

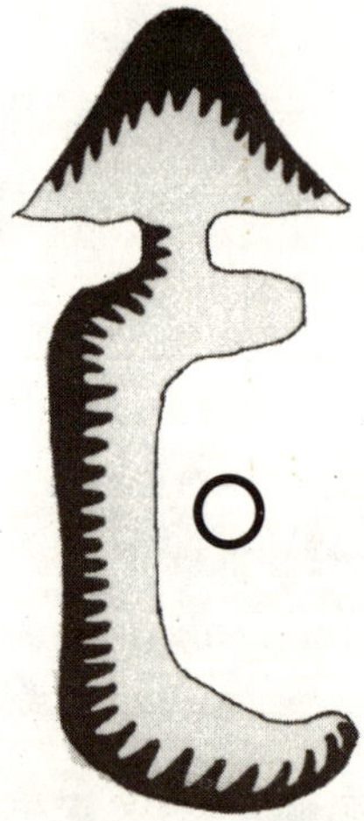

芦花入枭世间稀，
当代为官着紫衣。
玉殿传名呼第一，
人间咸道状元归。
芦花五里世间稀，
隐隐阳潮到穴掌。
若是源深来脉浅，
儿孙也作探花郎。

芦花如玉鞭，斜朵五七里，远远入穴，为状元，十八年八卿。如未有福人，十八年生贵子，三十、四十入举状元。如无官星，作神庙；有官星，出朝贵。

【简释】上图为芦花枭龙格，前山像芦花收紧后由颈项伸出枝脚，一粗一细，而合为一。在这样的地方下葬，主后代出状元、探花。如果龙、虎砂外有官星，主出朝廷贵官；没有官星，宜于建造神庙。

图谱5：双凤翱翔龙

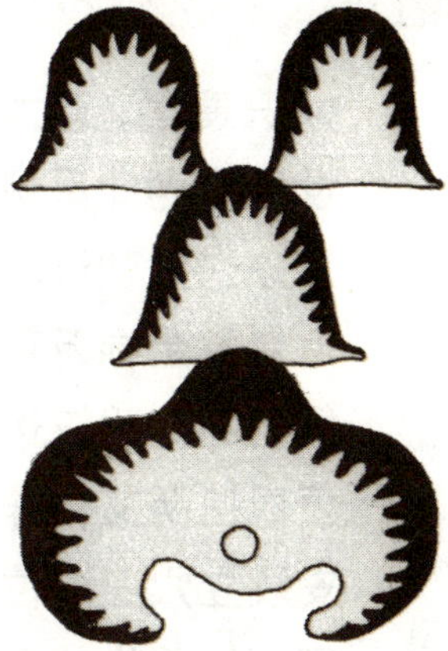

棣木联芳清更清，
为官职事甚分明。
定连代代簪缨客，
贵职重重将与卿。
棠萼联芳起二尖，
儿孙官职总清廉。
成双清誉登科第，
须把峦星取坎占。

此龙名曰双凤翱翔，又名棠萼联芳，又名双贪狼，又名双荐林字格。主兄弟同科及第，为官清廉。

【简释】 双凤翱翔，又名棠萼联芳、双贪狼、双荐林字等。远山突起二峰，合为一峰束气，然后开伸枝脚，穴在枝脚包裹内。两山并列而来，主后代出同榜兄弟或同朝清廉之官。此格为贵象，不主富。

图谱6：平分风月龙

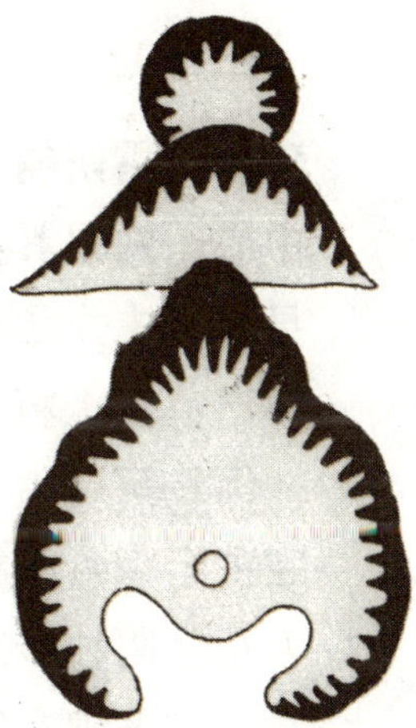

风月平分是贵龙，
世间难遇此星峰。
儿孙朱紫朝金阙，
家有万金禄万钟。
星峰圆丽势嵯峨，
左右弯环护送多。
子息聪明多好读，
定知一举便登科。

此龙在高山或平地，有秀丽体段，皆可穴。但高者多出武官，并大富；低秀顶圆，出文官。要送从同到方为妙。

【简释】 平分风月龙可能出于山区，也可能出于平川地带。远山来龙，束气后突起一峰，伸展两脚，穴扦在两脚包裹处。此种来龙，束气后山高，主后世出武官，山低，主出文官。

图谱7：朝天笏龙

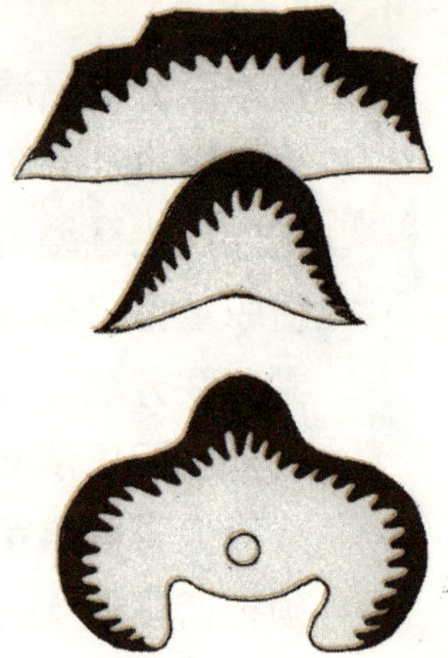

欲识黄堂二政龙，
世人难遇此星峰。
儿孙朱紫朝天去，
家有黄金禄万种。
秀丽高峰碧汉边，
更看三两又相连。
安坟立穴三公位，
席帽如前作状元。

此星圆是顶正，两肩般平，方为奇格。更出身三节。此星来照，出外台、监司之职。

【简释】来龙平正，过峡束气，是难得的贵格。主后世出提刑、御史等监察官员。

图谱8：独步丹霄龙

独步丹霄辨得真，
中心一穴是其身。
身修必主为丞相，
亦产英雄上将人。
如何及第更为魁？
定主全家食天禄。
人手分明独步来，
儿孙定著锦衣回。

又名天柱龙。此龙大魁、大郡、监司，五度产英雄将相。

【简释】独步丹霄，来龙束气前一峰高耸，束气后两脚开伸，包裹穴场。此格主后世出登科状元、大郡太守或提刑等重要官吏，且主后世英雄辈出，久而不衰。

图谱9：御屏龙

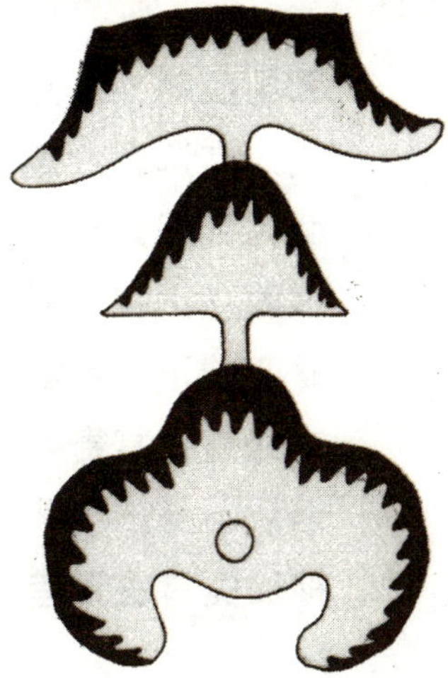

如何识得御屏风，
四角分明在自中。
文是相公居识位，
武因大德有成功。
文武全才自古难，
能令中夏万民安。
更兼夷狄能宾伏，
立穴安坟得此真。

此名御屏，两角分明。若得一尖到穴朝，左右有拜笏，案广厚者，出翰林都侍讲，林源出幕官。

【简释】 此格名叫御屏风。来龙起角，而且四角分明。此格如果案山广厚，龙虎砂有力，主后代出翰林学士，即使起角不匀整或不甚分明，也主后世出州县幕僚，小贵之格。

图谱10：沙堤独步龙

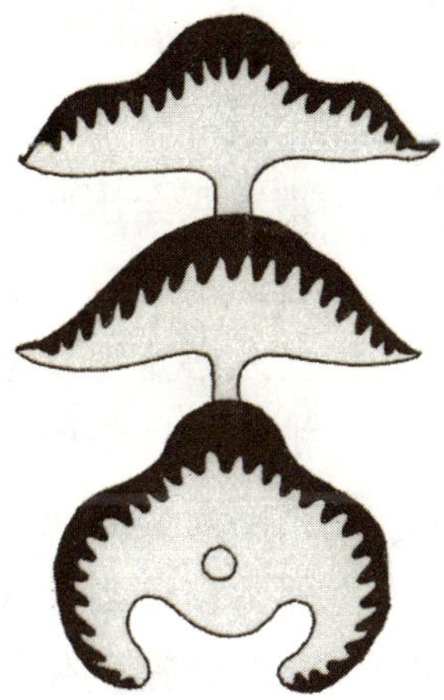

沙堤独步贵如珠，
宰相分明出此途。
身正玉楹为学士，
佐君尧舜是忠良。
沙堤独步穴难求，
下穴偏宜在后头。
岂但雁行登甲第，
为官职位封公侯。

左右星出身轻，中出者重，平岸广阔，出三代宰相。乡村水土，出一代宰相，无福者出二代通判。又名森列三台。

【简释】 远山重叠而来，龙头高耸，两脚伸展宽松，稍稍包裹住穴场。此格要看穴星偏在哪方，如果穴星居中，主后世官高，反之官职稍低。不论穴星偏向何方，均主后世出宰相或世代为州郡通判。

图谱11：云雨应时龙

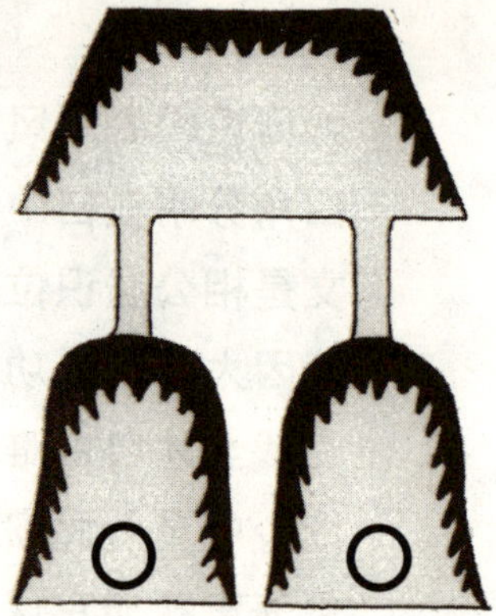

云雨应时格最宜，
文人文选佩金鱼。
武因武职为名将，
财若立山宝玉储。
峰峦端正不宜斜，
文武为官富贵家。
但认出身三节断，
神仙奥首决无差。

此龙文即文，武即武，富即富。牛上千头，人上千丁，彻天声价。

【简释】 云雨应时，来龙分为两脑，并排而住。此格主后世出富人或贵人，但不能兼得；如果出武将只出武将；如果出文官只出文官，如果出富人则未必作官。但不管文、武还是富人，都是大贵或大富。

图谱12：金冠霞帔龙

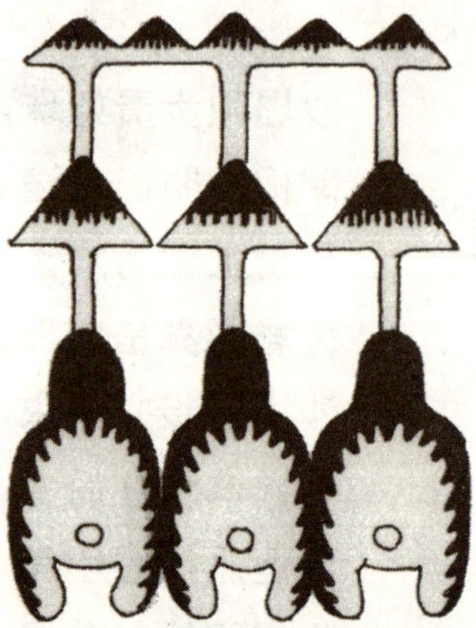

金冠霞帔作来龙，
富贵双全出此中。
若是当中安一穴，
女人必定嫁皇君。
护龙随送势回环，
秀丽前砂耸汉间。
那更吉江当面人，
此身荣宠更长年。

玉脑为金冠，玉脚为霞帔，故名曰金冠霞帔龙，出郡守。脑、脚多者非是，此格只出伶官人，更出人三举不第。

【简释】 金冠霞帔，远山一排而来，到头分为数路停住，每一路称为一脑。此格最多三脑，主出州郡太守。如果脑多，反而不美，只主后世出伶人戏子，或主后世子孙不能登科及第，所以只看脑多少而定。

图谱13：一箭穿杨龙

世人识得箭穿杨，
端峰平头四角方。
一节定知当代富，
嘉谟端正佐君王。
峰峦磊落送龙神，
入穴回头见此真。
冠世文章亲帝阙，
应知连代国家臣。

此龙又名斗盖木星，又名上字龙，最重。

【简释】 一箭穿杨，外山重叠裹护，内有龙、砂，龙头又起一峰如箭，射向外山，故名。此格主后代出朝廷官员，辅佐帝王成就功业。

图谱14：执简跳龙门

上人执简跳龙门，
天地生成有此龙。
定主名标金榜上，
若非上将即公卿。
来龙随送远迢迢，
吉水当坟更入朝。
岂但家藏金宝富，
神童及第此中招。

此星大者，名曰执简跳龙门；小者名曰西夜判茹。

【简释】 执简跳龙门，又称西夜判茹。两个名字表现的主要区别在于穴星大小。此格远山环护，近处龙住处有穴星拱起，左右砂有时有旁，穴在安在乳。这样穴场前明堂也还比较宽阔，主后世荣登金榜或入朝为将、为相。

图谱15：芦鞭趋朝龙

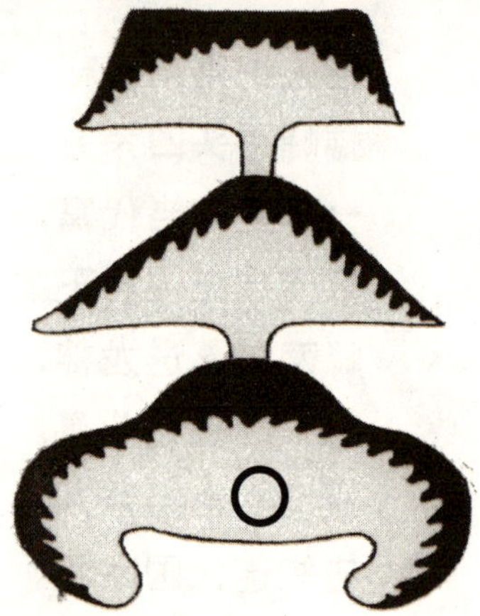

天柱直上与天齐，
镇国天雄武略奇。
阃外立身夷狄灭，
趋朝社稷万年期。
横是芦鞭趋入朝，
声名入选姓名高。
武文定至三公位，
亦出忠臣有节操。

斜横生节，此格出殿前左右将军。要来龙入穴有祖宗，或穿田过陂，吉星远大。出文武公卿，有福十八年出贵，无福十八年生贵子，为官富贵。

【简释】 芦鞭趋朝，来龙粗细交替，如芦节鞭，穴在下方枝脚包裹内。此格主后世出文武公卿，或生贵子，入朝为官。

图谱16：紫薇帝星龙

紫薇星格少人明，四畔峰峦尽送迎。
那更吉江当面入，儿孙金榜上题名。
主贵紫薇星是帝，此星最在喜平洋。
纵然龙贱无官职，也出聪明俊杰郎。
绝妙玄微号紫薇，似无似有世间稀。
能令一举登科第，代代儿孙着紫衣。

形如蛾眉，顶上微高，先贵，又出美女。两头般平，则是扛尸。

【简释】 紫薇帝星龙主要出现在平川地带。外山环护，内龙头住处一道弯山，如同蛾眉。此格龙只许内山一面高一面低。如果两头一般高低，叫做扛尸龙，不能发富贵。

图谱17：文武两情龙

一门富贵久坚牢，
文武官班职位高。
左右定知朝士贵，
右边武将佩双刀。

此山过左文穴，主出文职。如山居右武穴，主出武职。

【简释】文武两情龙格，看龙脉从哪边经过，如果龙脉过左边，主后世出文官；过右边，主后世出武官。

图谱18：三台文星龙

迢迢吉秀起帷重，
见文星入穴来峰。
一举名登金榜上，
儿孙代代位三台。
及第如何是大魁，
无双玉第正龙来。
贵为宰相朝天阙，
梁栋方知是大材。

此龙远远星辰入穴，第一节一代为官，二节二代为官，三节三代为官。十八年生贵子，二十年出状元，为卿相之职。

【简释】三台文星，主后代出状元或文官。三台，指来龙三脑并立，然后束气结穴。三台就表示三颗吉星，穴在三台后，主第一代为官，穴在第二层平山左右，主第二代为官，如果把穴安在枝脚内，主后世出状元魁首，入朝为国家重臣。

图谱19：高迁富贵龙

此穴宜高迁，
侧观却不然，
横山来作案，
儿孙出状元。

右耳尖峰，出万顷庄田，百子千孙。格好作巽山乾、甲、庚、丙、壬向，大吉。

【简释】 高迁富贵格，特点是穴地之前的案山为连绵起伏状，而且不只一层。此格主后世大富大贵，子孙满堂，良田万顷。

图谱20：人字龙

人字行龙格局奇，
扦坟立穴细详奇。
若还肥满人端正，
代代为官名誉驰。
又名走马快趋朝，
一举登高着紫袍。
郡守监司居此位，
更兼将相立功高。

护送分明，过脉异者，有此入首，主少年及第。若形臃肿，高山结穴，出知州、通判。又名走马趋朝，又名走马盖。

【简释】 人字龙，来龙分叉如人字或重叠的人字，要求山脉清瘦，脉络分明。如果山脉臃肿，只能出州郡长官。

图谱21：雁序联标龙

如何兄弟便同科，
下次来龙贵气多。
世代清廉官职好，
儿孙名重镇山河。
雁字联标世所稀，
若还正穴实为奇。
一行兄弟同科甲，
官至侍郎及察推。

此龙主兄弟同选，同登科甲，朝官之位。如在平洋处最贵，若在高山，有此二峰相对，中间平者，主登科甲。

【简释】雁序联标，指两山开列，蜿蜒而行。此格主兄弟同时登科及第。如果是在平川地带，更主贵。

图谱22：走马还朝龙

连枝带叶起文星，
马曰还朝走马名。
子息登科当代见，
蓝袍特拜圣人廷。
护龙左右远回还，
那更前砂秀插天。
多少官班从此出，
英雄富贵福绵绵。

此山五走七走，可出三代丞相，满堂为官。又名玉栋连班，又名中角龙，又名下字龙。

【简释】走马还朝龙，又名中角龙，又名下字龙。这种龙格的每部分像一个“下”字，“下”字越多，福力越大。如有三五个相同的“下”字排列一处，主后世代代出高官。

图谱23：登坛拜将龙

登坛拜命定因武，
武将平戎能破虏。
更兼提点镇蛮戎，
文章及第正过府。

【简释】登坛拜将，如图，远山如坛，枝脚伸开包裹穴地。其穴恰好在坛下。此格主后世出边关武将。

图谱24：联珠缨络龙

要识联珠缨络龙，
神童宰相在其中。
彻天声价闻天下，
金玉堆山胜石崇。
如何虎榜便题名，
立穴安坟得此星。
定断儿孙多学识，
纷纷朱紫佐朝廷。

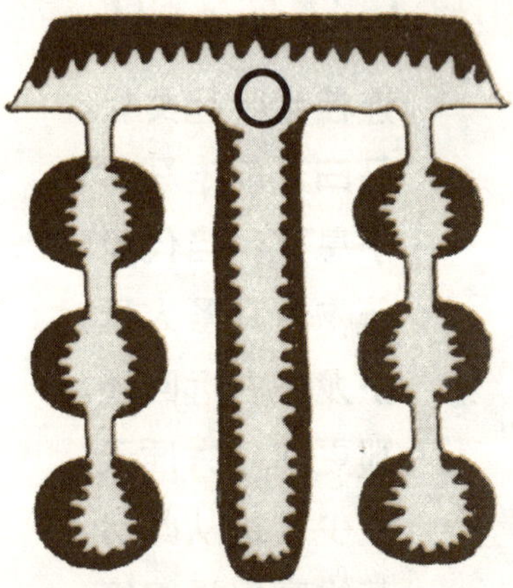

此龙行度两边，随送分明，过脉奇异，主少登科第，大富大贵。无珠，名斗盖木星，亦出神童、监司、郡守。

【简释】联珠缨络，形象奇异，远山中间伸展向前，两侧一壮一细，并列延伸，就像缨络贯穿，吉祥之兆。此格主后世出少年状元郎。如果两边延伸而无珠，也主后世出地方郡守或提刑。

图谱25：小飞蛾龙

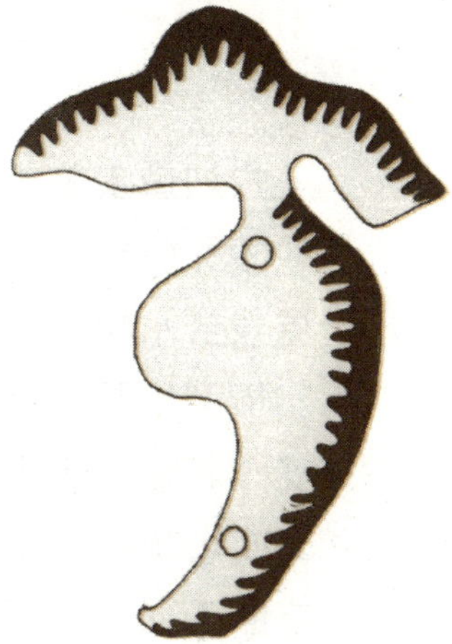

飞蛾投水势非常，
脚羽均平两穴当。
若得明师扦吉穴，
儿孙代出禄衣郎。

此龙出县官，左出文官，右出武官。又名紫绶金章。短小为小飞蛾，出县令。又名飞蛾投水。

【简释】小飞蛾与上面的大飞蛾大致相同，只是飞蛾下分出一只枝脚，穴扦在枝脚弯窝内。此格也主后世出县官。

图谱26：大飞蛾龙

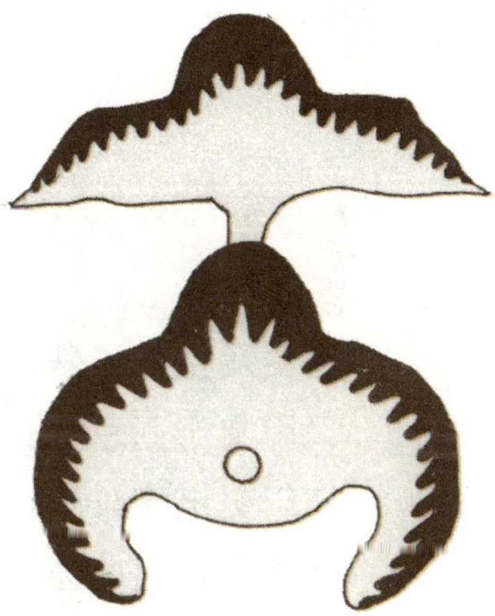

寻得飞蛾巧穴安，
其家富贵足千般。
儿孙朱紫朝金阙，
女嫁郎家也做官。
如何及第作监司，
入穴飞蛾格局奇。
代代绯衣朝帝阙，
分明有个朝天梯。

近大江平洋处，出县官。其峰高圆低圆，要两翼拘穴。若斜反突角者非，平头者孤。又名珠幡宝盖。

【简释】大飞蛾，远山中间高，两侧低，像一只飞蛾形。龙头住处两脚分开，包裹穴地。此格要求枝脚不能反转向外，又要求飞蛾的头部必须高出两翅，否则就不成飞蛾形。如果在平川地带或靠近大江大河之处，主后世出县官，但如果枝脚反侧或蛾头低平，便不是吉穴。

图谱27：宝盖龙

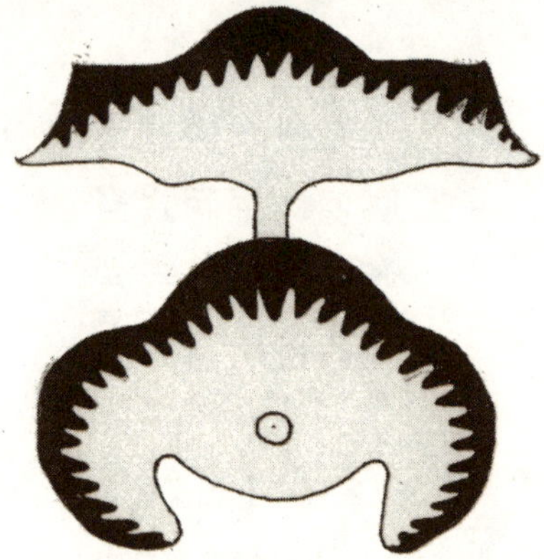

下穴如逢宝盖龙，
前砂秀丽碧霄中。
更兼吉水随朝入，
富贵荣华胜石崇。
安坟若遇此峦头，
豪富奢华在此求。
定断千孙并百子，
庄田牛马遍诸州。

此龙如下正穴，主大富，税钱五百贯，出知州之职。

【简释】 宝盖龙，远山如车盖，近山中高旁低。此格主后世或富或贵，最高可以出知州之职。

图谱28：富贵双全龙

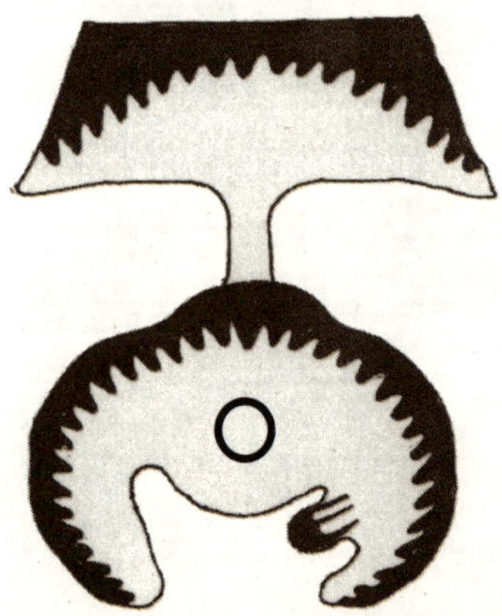

富贵双全体异殊，
又因文选入京都。
庄田更进连阡陌，
百子千孙出此途。
前山叠叠更嵯峨，
左右回环护送多。
吉水阳朝当面入，
儿孙连代并登科。

【简释】 富贵双全，前山平头方正，后山中高旁低，枝脚内有乳凸出，穴扦在枝脚包裹内，此格主后世出京官，田连阡陌，富贵双全。

图谱29：覆地金钟龙

覆地金钟格异常，
时师仔细为推详。
修文学武文章显，
富贵堆金积满堂。
吉砂当面更朝来，
左右峰峦护送迎。
代世为官定不绝，
监司郡守有声名。

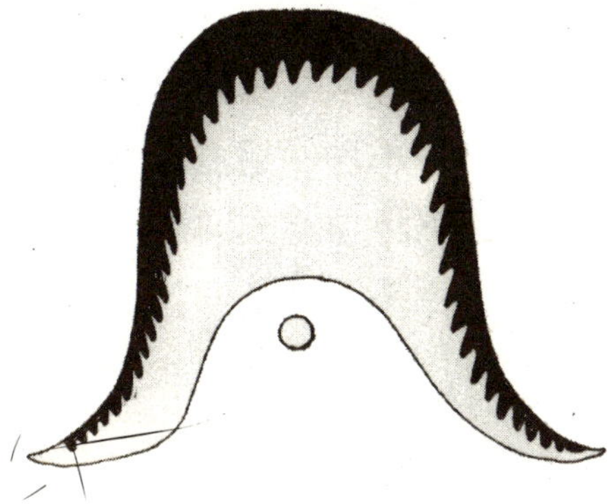

平地起此星，出大官。要护送分明。高山坡谷，四正分明绕护，主当代富贵。

【简释】 覆地金钟，像一座倒扣的大钟，把穴地包裹在里面，枝脚末端应向外延伸。此格主后世出郡守一类的官。如果是平川地带遇到这样的环境，主后世出朝廷重臣，此山地发福禄更大。

图谱30：小宝盖龙

宝盖之山实可夸，
嵯峨那更耸前砂。
银瓶盏注家豪富，
惟羡乡村第一家。
下穴如逢小富星，
猪羊牛马自然成。
资财茂盛家开库，
巨富名扬四海声。

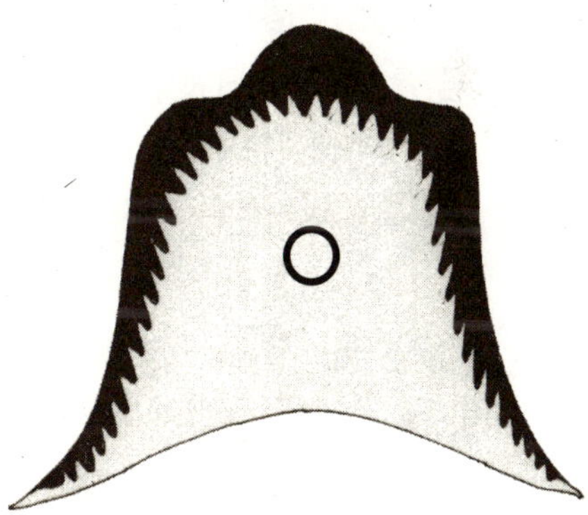

此龙出知州、通判，税钱二百贯，买田置地，发福不替。

【简释】 小宝盖，与上面宝盖龙大致相同，主富贵。穴应扦在枝脚内，或左或右，要看穴前流水聚积处而定。

图谱31：攀鞍天财龙

天财一穴号攀鞍，
须要垂珠两翅宽。
后有乐星穿照穴，
定教车马拥长安。

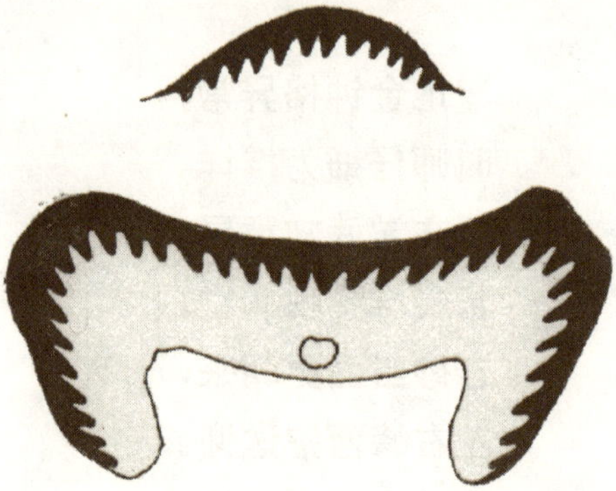

【简释】 攀鞍天财龙，近山两边高中间低，形如马鞍，穴在鞍下。此格要求两边尽量伸展，弯孤越长越好。

图谱32：仙人束带龙

如狮如虎落平洋，
若遇坟前穴归良。
若是斜木当侧下，
儿孙代代佐明王。

【简释】 仙人束带，仙人，指龙头住处所起的穴星，外山为带，紧紧包裹。此格最好在平川地带。主后世出贵人，代代不断。

图谱33：覆地金瓯龙

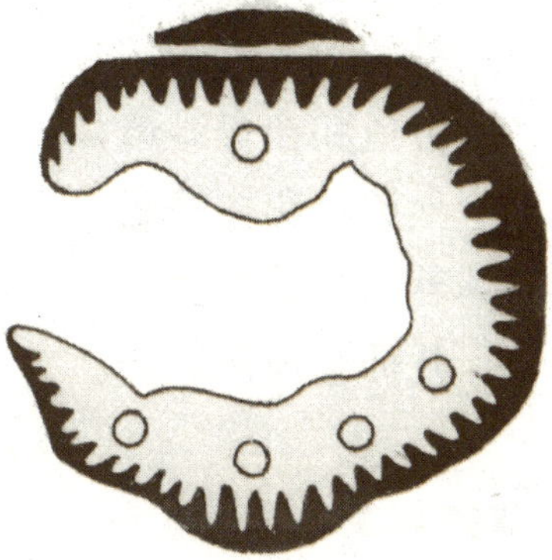

覆地金瓯格最清，
时师不识此金星。
曾知富贵由兹出，
辅佐皇家社稷宁。

【简释】覆地金瓯，与覆地金钟大致相同，不过它的形状不像个钟而像个茶瓯。主后世出高官。如在平地，出朝廷重臣。

图谱34：玉阶登名龙

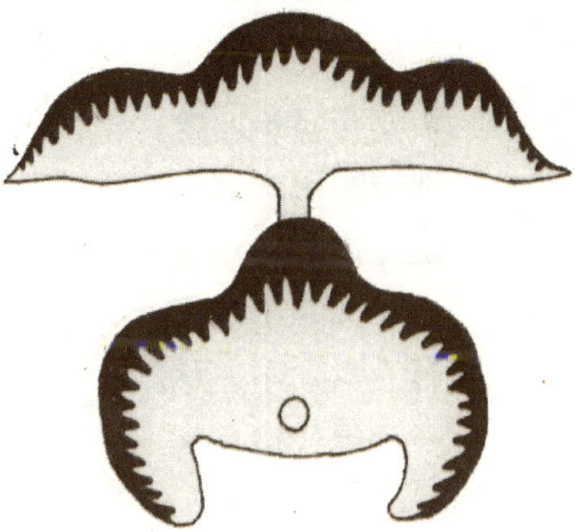

玉阶登名实有名，
此星端的位中清。
为官身佩金鱼贵，
梁栋忠臣做圣明。

【简释】玉阶登名，玉阶是朝廷殿前的台阶，顾名思义，此格主后世出清廉明正的高官重臣。

图谱35：和合金鱼龙

金鱼和合最难逢，
兄弟登科佐圣聪。
若得水朝砂秀拱，
儿孙世代洒恩隆。

【简释】和合金鱼龙，也是金鱼龙的一种。和合，指外山如金鱼向内，对面众砂相对而拱，将穴场合在中间。此格要求左右二砂秀丽有情，主后代儿孙世世代代享受荣华。

图谱36：金鱼龙

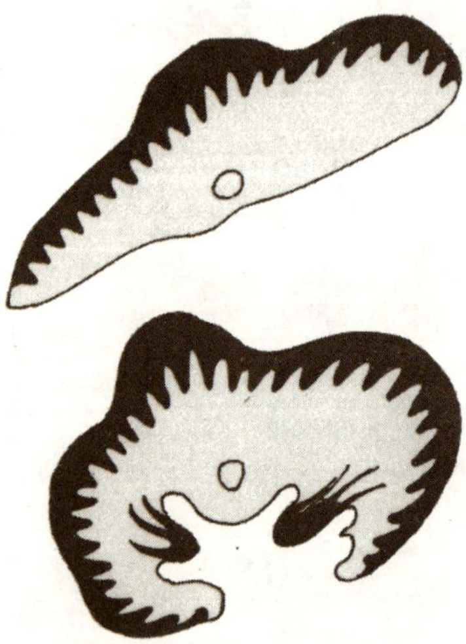

立穴安坟巧处栽，
前砂秀丽起峰堆。
护龙左右皆回顾，
郡守官班由此来。
金鱼之形人难识，
面对圆峰不易得。
有人点穴不差移，
子孙俱作蟾宫客。

星辰出兑，酉山之外，大吉。

【简释】金鱼龙，山形像条金鱼，穴在鱼腹，前面有数处秀砂参差而起。砂是龙的余脉，砂秀，主后人清俊。此格最好是有官星出于兑、酉二方，主大吉大昌。

图谱37：弦歌临政龙

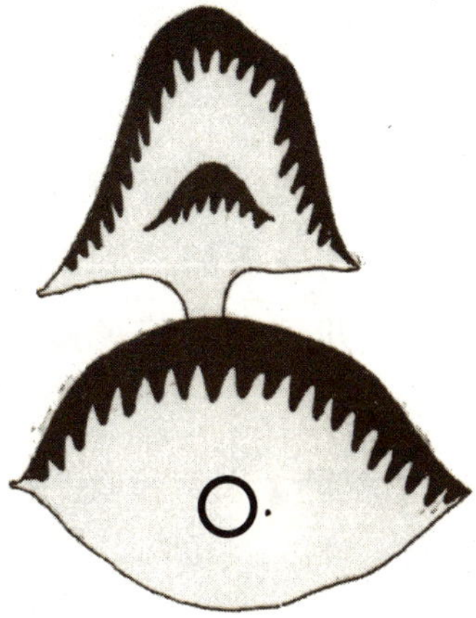

星峰端正势嵯峨，
左右重重护送多。
子息聪明多学识，
定知一举便登科。
县令官员出事公，
弦歌临政是真龙。
若有朝拜贪狼木，
郡守监司出此中。

不然一代知州。

【简释】 弦歌临政，远山端正高耸，山顶圆透。穴在正前方扦。此格主后世出郡县、守令或提刑之官。弦歌临政，指以仁德治化百姓。

图谱38：神仙出洞龙

神仙出洞少人知，
对面星峰似卓椎。
但向天心扦一穴，
秀才出去状元归。

【简释】 神仙出洞，远山平列，近山凸起连串山峰，像是神仙飘然而起。穴在神仙出处扦，主后世出状元魁首。

图谱39：冲天飞蛾龙

分明一穴少人知，
何异飞蛾穴要低。
若有秀峰当面入，
儿孙富贵足珍珠。

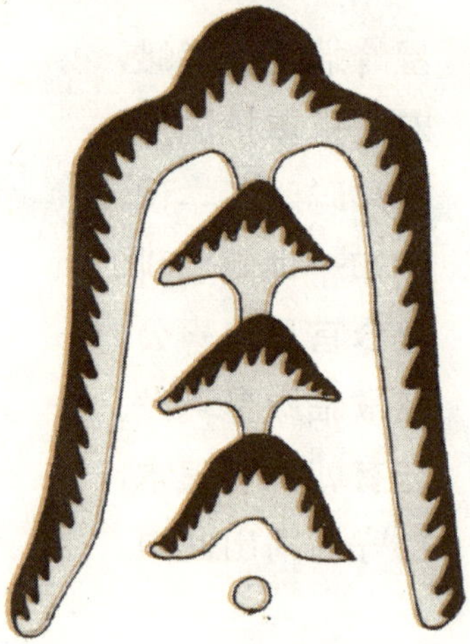

【简释】 冲天飞蛾，中高旁低，而且蛾翅修长，中间一座相连的山峰如同蛾身，穴扦在峨尾，越低越好。此格也主后世隆昌。

图谱40：飞蛾龙

飞蛾生下落平田，
富贵荣华乐自然。
万顷庄田先进入，
儿孙着绯帝王前。

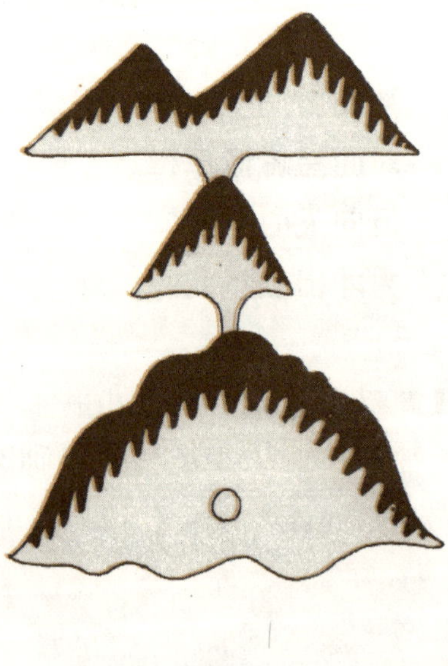

【简释】

此格主后代出朝中贵人，富有万顷庄田。

图谱41：铁拐一枝龙

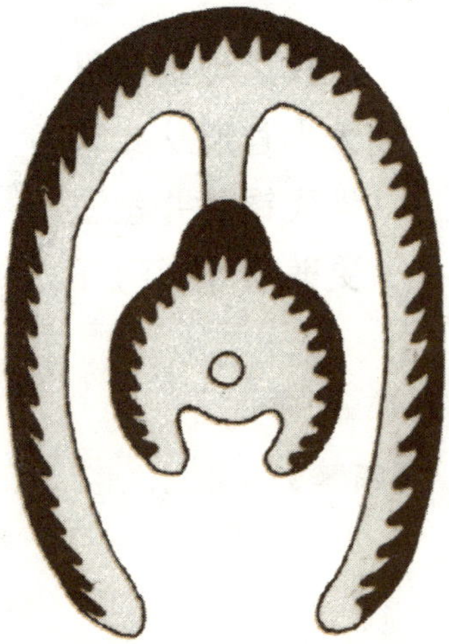

此星铁拐一枝龙，
不与他龙格范同。
凡庶若能扦此穴，
定知白日上天宫。

主出神妙。

【简释】地图叫做铁拐一枝龙。此格葬下，主后世出神仙道士。

图谱42：铁拐龙

因何武职博文官，
一穴来龙仔细看。
出是将兮入是相，
能令华夏万民安。

山耸水朝，亦出监司，转文就武。

【简释】铁拐龙，龙脉中间耸起，两侧低凹伸脚，穴在正央。此格主后世出将入相。如果形貌不十分端正，出提刑官，文出身而任武职。

图谱43：小铁拐龙

铁拐之地出英材，
大小官班从此来。
世代银瓶并盏注，
更兼质库衙门开。

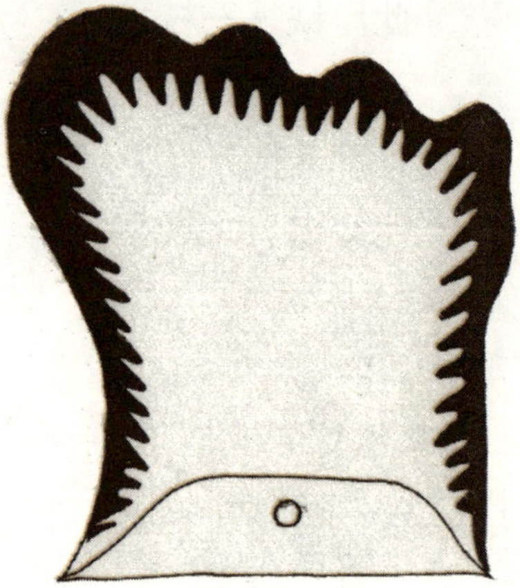

小铁拐可成仙。

【简释】 小铁拐，主后世出神仙羽客。

图谱44：铁拐星龙

世间谁不愿封侯，
铁拐星龙在后头。
长命更全双富贵，
人生自此福何求！

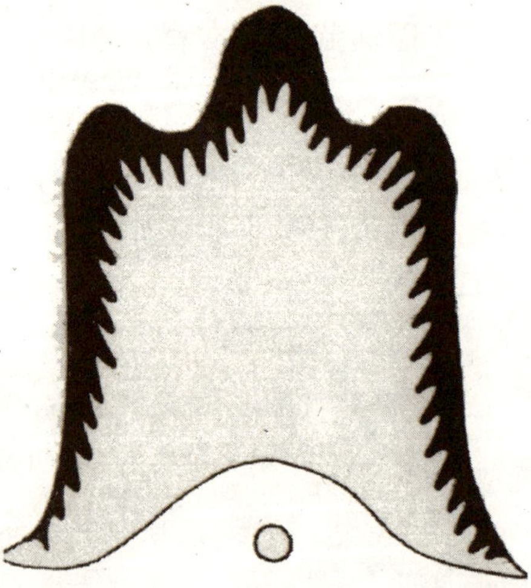

【简释】 铁拐星龙，前山耸起三峰，中高旁低，穴在中央，两旁有龙脚遮护，主后人长命富贵。

图谱45：太乙龙

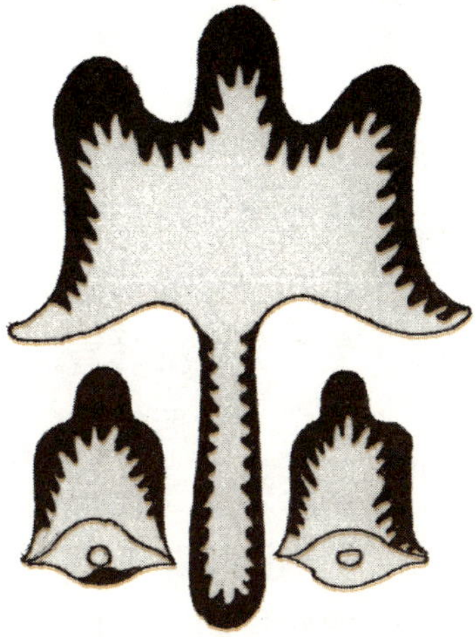

对穴分明太乙星，
有时当代贵人生。
欲知真实无虚伪，
人字三个却要明。
欲知太乙好星辰，
两片三人却要真。
若是中来无过脉，
只主开库典钱人。

注云：要形如鹤嘴，中径来，当代为官。若侧肩有官星，只是富不贵，两畔官亦是太乙。

【简释】 此图为太乙龙，前山耸起三峰，中间山脉向前伸展，称为鹤胫。左右两边有两穴地相对，这种穴地前后左右对称均匀。穴地两侧如果有官星，主后世出做官子孙，但不甚富。

图谱46：覆钟龙

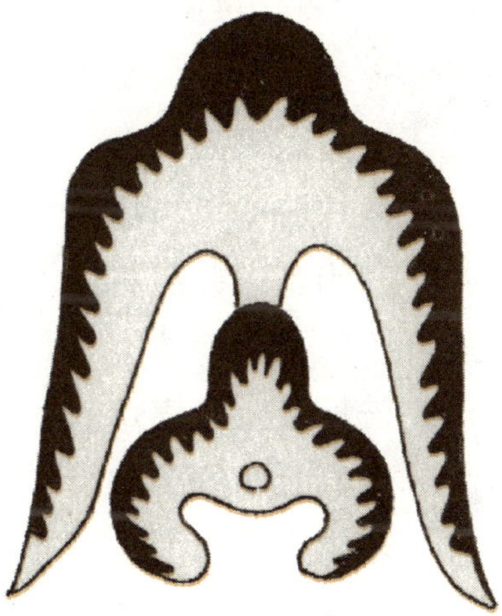

文因武职得为官，
进宝兴隆积聚山。
名将都巡资职位，
更兼弹压镇乡关。
头上高圆似覆钟，
台垂脉浪不通风。
平洋秀丽文章位，
高顶威声出武雄。

【简释】 覆钟龙，前面也已经出现过，外山钟形与前面的覆钟龙没有区别，内里穴星拱起，又有近砂护持，其福禄与前面覆钟龙相同。此格如果出在平川地带，主后世出文官；出在山区，主后世出武官。

图谱47：正一文星龙

上格文星是此峦，
扦坟须要后山看，
定知一举登科第，
更主为官又转官。
文星一穴后头来，
端正为官富贵催。
一个两个来入首，
定知官职到清廉。

方圆轻重，最要分明，三出中重，左右次之。

【简释】此图为正一文星龙，前山横竖相同，规矩齐整，远山中间突起，两旁伸脚，缓缓护住穴地，穴前明堂开阔。此格看龙脉的走向，如果中间起，大富贵；两旁起，小富贵。

图谱48：波斯献宝龙

谁人识得武官龙，
入穴分明气势雄。
穴出都巡并武将，
不然遇总得才丰。
波斯献宝最堪珍，
形穴分明好下坟。
若得吉星当面应，
儿孙贡献立功勋。

【简释】波斯献宝，指远山与近山之间距离稍远，其他并没有什么特别。此格主后世出巡检、武将，世代簪缨、立功疆场。

图谱49：长鞍马龙

当代英雄力拔山，
家藏金玉几多般。
人丁兴旺家豪富，
职统都巡首将官。

此龙祖出乡官总首，声价之地。如巧秀，出将军、巡抚之职。

【简释】 长鞍马，山形如马，头高腹低，穴在马腹下扦。此格最好是祖龙结穴，如果山势不甚雄壮而显得纤秀，主后世出将军、巡抚。

图谱50：平地铁拐龙

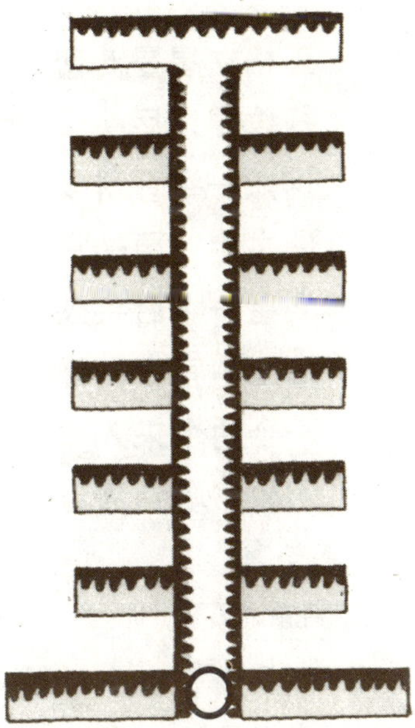

凡人要学拐长龄，
但认真龙铁拐名。
炼药何须仙掌露，
自然官贵到蓬瀛。

【简释】 平地铁拐，形如图，见于平川地区。横、直所表示的是凸起丘垅。此格既可以寻到，又可以人工的手段造就，所以如果无山可依，不妨作平地铁拐，也主后世富贵遐龄。

图谱51：独步丹墀龙

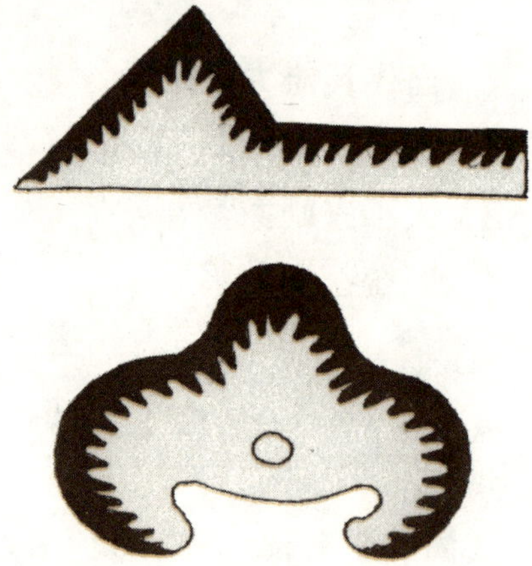

独步丹墀最好看，
中心正穴实堪安。
儿孙一举登科甲，
节度提刑判府官。
文星龙上起尖峰，
富贵高官出此中。
定是监司并郡守，
也主奉使有全功。

【简释】 丹墀，帝王宫殿前的台阶。丹墀独步，表示地位尊崇。此格远山表示丹墀，近山端正匀平，穴在正中。主后世出节度使、提刑官或知州通判之职。如果穴后山峰尖挺，后代的官职会更高，或者出使节。

图谱52：正一文星龙（二）

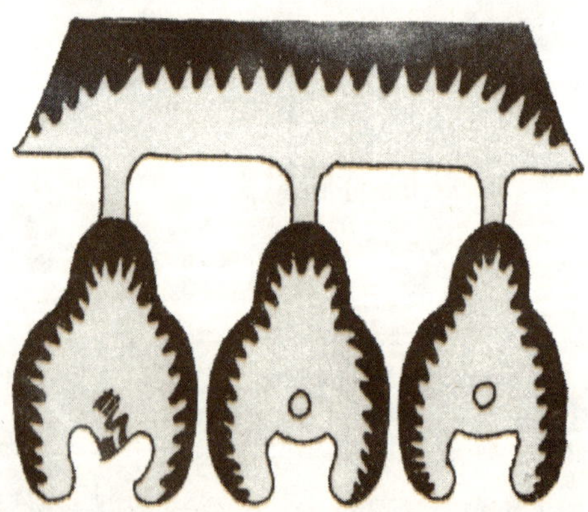

正格文星是此峦，
扦坟要须后头看。
这知一举登科甲，
便主为官更转官。
文星一字后头来，
端正为官富贵催。
一个两个来入首，
定教官职到清台。

方圆轻重，最要分明。三山中出最重，左右出脉者次之。

【简释】 正一文星，也是一字龙，不过比一字多生三脑，这三脑各有穴星和枝脚，龙脉中出，富贵最重；从两旁出，福力稍轻，此格要三脑均匀整齐，包裹穴地为好。

图谱53：一字木星龙

一横木星玄又玄，
时逢大富实堪言。
果如一字无斜侧，
当代儿孙出状元。
主贵木星如一字，
有龙身即佩金鱼。
形如玉尺端方正，
当代儿孙也读书。

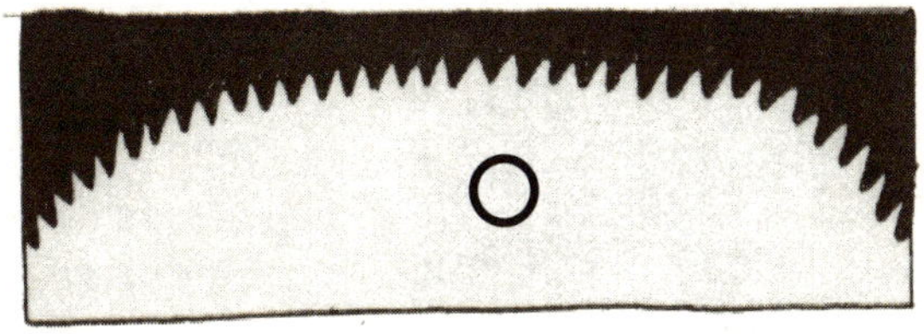

正方为贵，若斜，有高低，生脚浪者，非是。

【简释】 一字木星龙，形如一个“一”字，这种形格的龙不常见，逢着一字龙，而且平整没有枝蔓，即可在山前择穴，主后世儿孙出状元，致富贵。

图谱54：品字三台龙

三台华盖作来龙，
入穴回头见此峰。
定出一家朱紫贵，
扶持社稷有成功。
三台华盖有尊严，
入首分明品字来。
出得童行登甲第，
儿孙官职也清廉。

此龙主童子登科，少年及第，为官不歇。

【简释】 品字三台，也属于三台龙格。三台是天上星名，《史记》中说：“在天曰三台，在人曰三公。”故而凡三台格的穴地都主后世出贵人。此格主后世少年得志，代代为官。

图谱55：旺龙星龙

密会阴阳骨髓精，
方能识得旺龙星。
令教巨富无休歇，
莫道无星更有形。
旺龙主富自天然，
此穴无人会几年。
纵使星辰来浅薄，
也还温饱有闲钱。

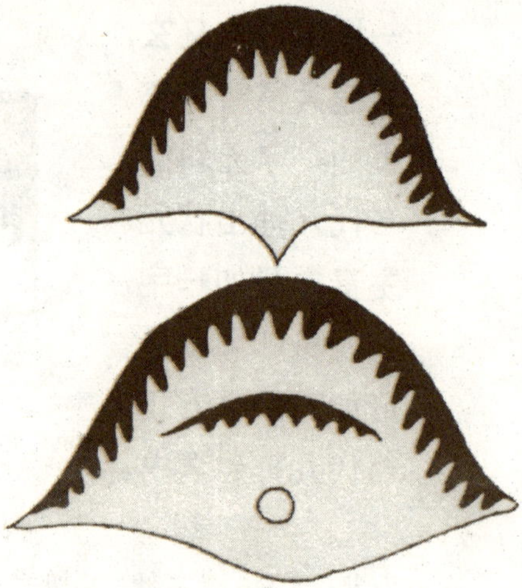

此星居平地，可分轻重，似有似无。定穴之的当，形如覆釜，头圆高大，先富后贵，与覆金相似。

【简释】旺龙，像两口覆钟。如果出现在平川地带最好，主后世先富后贵，福力与覆钟金星龙相同。

图谱56：飞蛾清贵龙

子孙清贵传群理，
缓笔文章迈等伦。
金玉满堂官职后，
山川生定不出人。
如何及第作官郎。
入穴飞蛾格异常。
断定迁官多进职，
身居宝殿佐明王。

【简释】飞蛾清贵，属飞蛾格之一，与前面大小飞蛾所主相同。

图谱57：带叶文星龙

带叶文星识得真，
形如三叶出其身。
中心一穴登科甲，
世代儿孙出郡城。
奇形难识是文星，
左右中心别重轻。
葬后出人为将相，
一呼百诺万人钦。

进纳推恩，正过黄甲，因女为官。看脉分三出，以断轻重。

【简释】 带叶文星，形状如枝叶，看龙脉走向，如果从中出，福禄重；从两侧出，福禄轻。此格葬下，后世可能会出嫔妃，其父因女得官。

图谱58：金冠霞帔龙（二）

金冠霞帔出皇后，
执简龙门休象同。
辨得三般真气穴，
华堂富贵百年中。

【简释】 金冠霞帔，远山如金冠，近山如霞帔。此格主后代出皇后，一门光耀。

图谱59：朝天左右马

头起高朝天马山，
仙人指出此中看。
旌旗幕帐连云起，
此地能扦作显官。
天马山形气势高，
贵人前对产英豪。
若安其穴人能识，
他日儿孙受帝召。

宜作甲、庚、丙、壬向，贵显，乙、辛、丁、亥、六秀，富贵双全。

【简释】 并行两匹骏马，堪称好地。此格定向立穴朝甲、庚、丙、壬等向，只贵不富；如能朝乙、辛、丁、亥等向，富贵双全。

图谱60：宫盖席帽龙

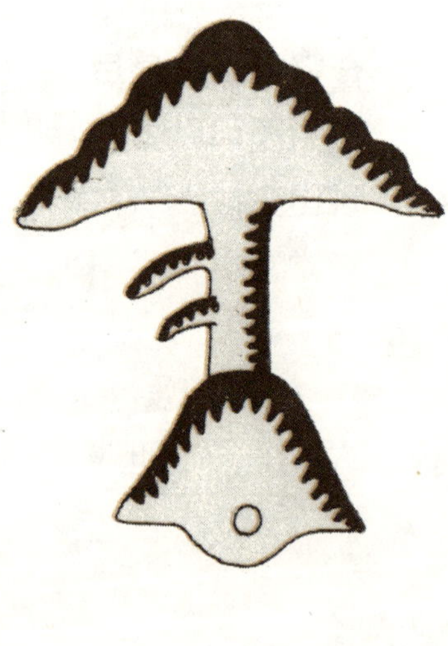

两带生来席帽同，
谁人走马识真龙。
龙吟虎踞为佳会，
即日衣冠拜九重。

宜作丙、壬、乙、辛、乾、甲向，吉。

【简释】 官盖席帽龙，远山如冠盖，中央突出，直近山而起一峰，穴在峰前。此格要求穴口向丙、壬、乙、辛、乾、甲等向，大吉大利。

图谱61：排军五脑龙

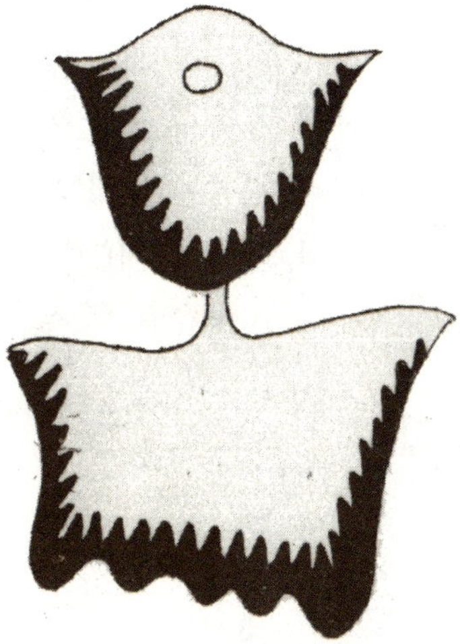

识得排军五脑山，
能令白屋出公卿。
将军武略清华在，
只恐时师眼不明。
奇形异状人难别，
不用尖峰压冢穴。
真龙正穴好安坟，
葬后为官拜帝阙。

五脑同出，一代五官。

【简释】 排军五脑龙，远山平列五峰，穴在前扦。此格能发贫家，主后代有公卿显位之人，又主一代子孙出数人做官。

图谱62：圣人宫殿龙

要识山家玄妙处，
圣人宫殿最为奇。
明师扦出天心穴，
富贵儿孙着锦衣。

【简释】 圣人宫殿格，远山如飞蛾，近山规矩齐整，穴在中央，称为天心一穴。

图谱63：小三台龙

形如品字应三台，
此势宜从天上来。
前立七星如北斗，
儿孙金榜御门开。
三公之位即三台，
势见三星又穴来。
不问安坟并造宅，
成名一举夺秋魁。

其龙属金，性善，宜作寅、申、巳、亥，主税钱三百，人丁二百丁。

【简释】小三台，形如三台龙而规模、形势低小。此格应立寅、申、巳、亥等向，发人丁，多钱财。

图谱64：秀不文星龙

秀不文星体势殊，
昂头起望迥然舒。
但须认取真仙穴，
管取人乘驷马车。

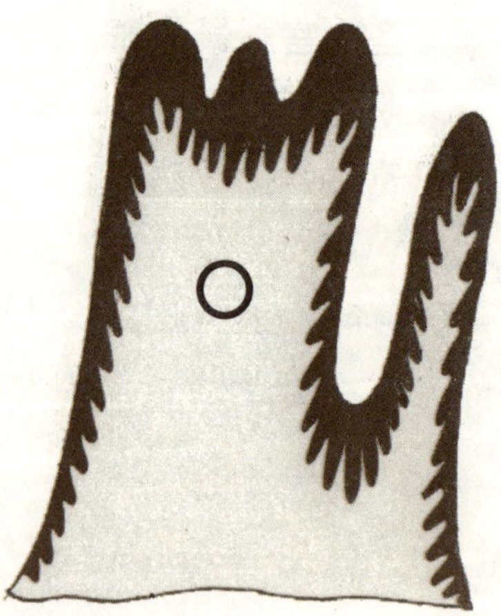

【简释】秀不文星，山形如图，较为古怪奇特。此格要求前山有昂有伏，有高有低，参差而立。主出显赫后代，乘坐驷马高车。

图谱65：朝天马龙

朝天马格势英雄，
穴枕红旗福禄隆。
更得圆峰生案外，
儿孙代代作三公。

出人为官贵显，更兼大富。

【简释】 朝天马，山为仰马之形。此格气势磅礴，穴扦得好，主后代出三公宰相。此图仰马之外又耸起一峰，称为红旗，穴最好扦在红旗峰下，叫做穴枕红旗。

图谱66：玉堂龙

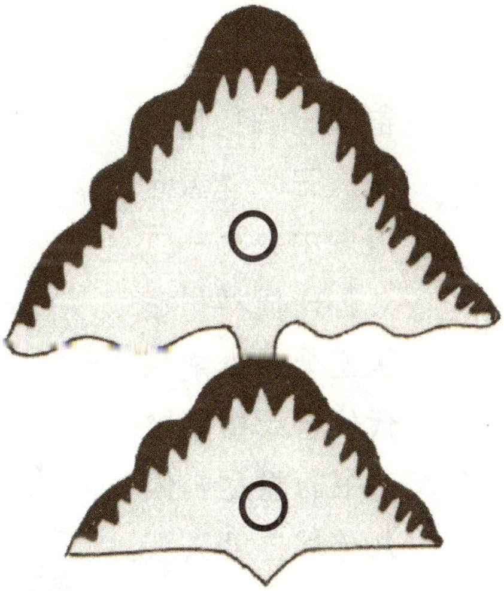

叠叠后龙推宝山，
进财进宝进庄田。
富即贵兮贵即富，
儿孙清贵做官员。
最贵玉堂龙，
英豪气势雄。
有人扦此穴，
名姓达天聪。

四五里出神童，中一峰最高正，遇低而雄者非是。

【简释】 后龙耸起数峰，像推财拥宝一样簇向前山，两山中高旁低，对称均匀，主后代出清贵官员。如果中峰不高，或与其他各峰高低相同，不属玉堂龙格，不发福禄。

图谱67：玉枕龙马贪狼

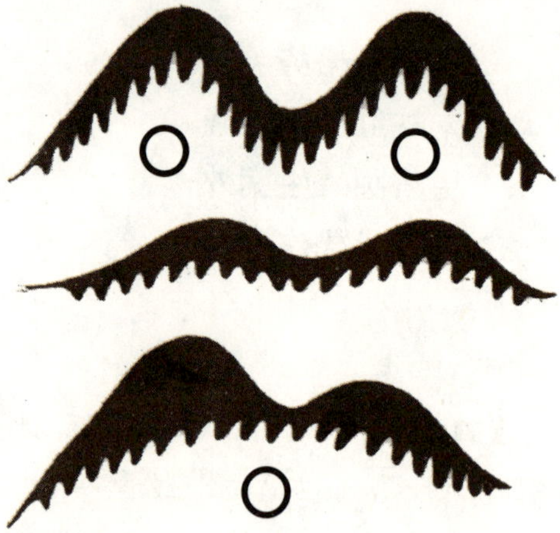

龙名玉枕势凌天，
不用千峰立面前。
下后儿孙先富盛，
荣华去作月中仙。
识得龙星起两尖，
为官超显更清廉。
峰峦耸立朝坟穴，
富贵来时名字传。

【简释】 玉枕龙马，指远近几重山峦旁高中低，如玉枕，又如天马。有此格局，即使没有秀砂，福力也盛大无比。如果能得秀砂弯水，则代代朱紫，名扬四海。

图谱68：群僧出洞龙

群僧出洞势盘旋，
六建三阳体象全。
但向中央扦一穴，
儿孙代代斗量钱。
星峦叠势谁能识，
代代簪缨贵不歇。
诗书万卷尽封侯，
儿孙尽去朝天阙。

【简释】 群僧出洞，远山三峰，中高旁低，枝脚延伸而向内缓缓包裹，中央有数小峰联成一串，像群僧出洞。穴在最下方扦，主后代出一位提刑官，此后代代为官，历久不绝。

图谱69：宝剑出匣龙

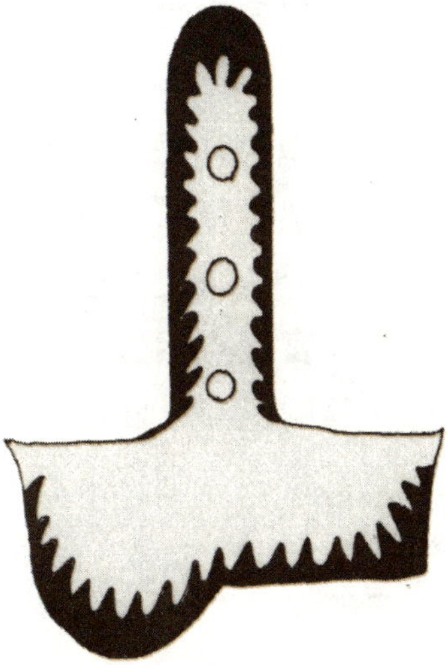

龙名宝剑最堪观，
但向龙身脊上安。
更得生龙来作案，
儿孙代代坐朝端。

上一穴出贵，下二穴无辅，非真也。

【简释】 宝剑出匣，也是从山形外观来定名。此图在近山之处排列三穴，注解说："上一穴出贵，下二穴无辅，非真也。"意思是上一穴左右有护翼，可出贵人，下两穴孤立无护持，所以难发福贵。

图谱70：金箱玉印龙

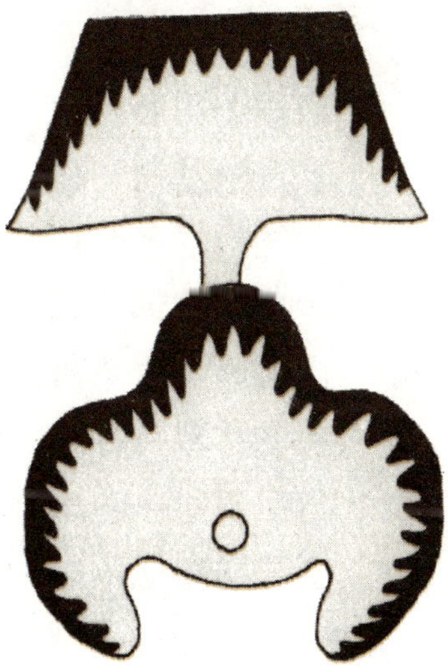

金箱玉印巨门星，
地轴天关两畔迎。
一穴中心能识下，
公侯衮冕此中生。

【简释】 金箱玉印，远山如玉印形，穴扦在正中下方，也是大贵之穴。

图谱71：统天文龙

星峰奇惟势巍峨，
遇此非常喜气多。
有眼时师能辨得，
鹊巢变作凤凰窠。
统天龙杀出龙图，
为官提点相公呼。
簿尉丞参从此出，
富豪文进饱诗书。

三星行去，多作子、午、卯、酉、辰、戌等向。

【简释】 统天文龙，一峰尖峭向左倾，两脚分别叉向左右两方，并不合抱。穴在中央。此格形状较为特殊，一般地理家以为是鹊巢之地，无富无贵。但如果立向合法，穴位端正得体，主后代出文职学士。

图谱72：点军龙

点军山势若行龙，
富贵荣华荫子孙。
开国封侯多食邑，
少年才俊谒金门。
山形臃肿人难辨，
有若将军排阵战。
下后不过一纪年，
金甲兜鍪谁不羡。

【简释】 点军龙，令人想起辛弃疾的著名词句“沙场秋点兵”，如图所示，远处重重山峦，如军队兵马层层排列，气势恢宏。中间一坛，像是将帅点将发令之处。此处扦穴，主后世出将军、元帅。

图谱73：统天武龙

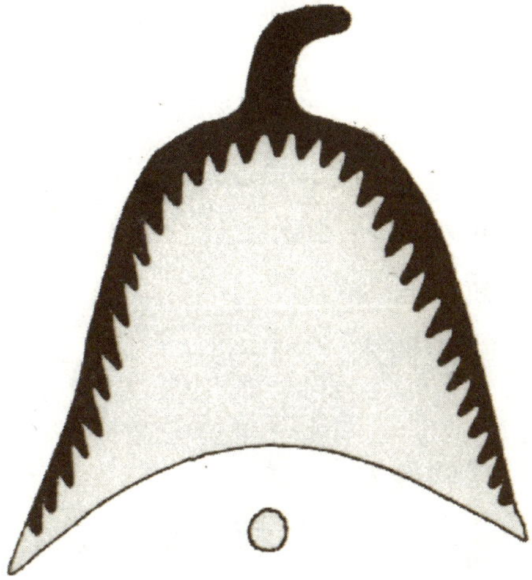

武文二杀人难别，
立穴安坟真妙绝。
儿孙蕃衍取科名，
不晓时师休乱说。
统天武杀出承宣，
必定封侯作圣贤。
斩斫自由为将相，
公侯衮冕子孙传。

出公侯宰相，斩斫自由，此二星迢迢去十数里外，退卸做穴方贵。

【简释】 统天武龙，其形状大致与统天文龙相似，只是远处尖峭一峰偏向右侧，而且更加尖利。此格作穴最好离山凹稍远，不必紧靠在山峰脚下，否则难以发贵。

图谱74：跪炉势龙

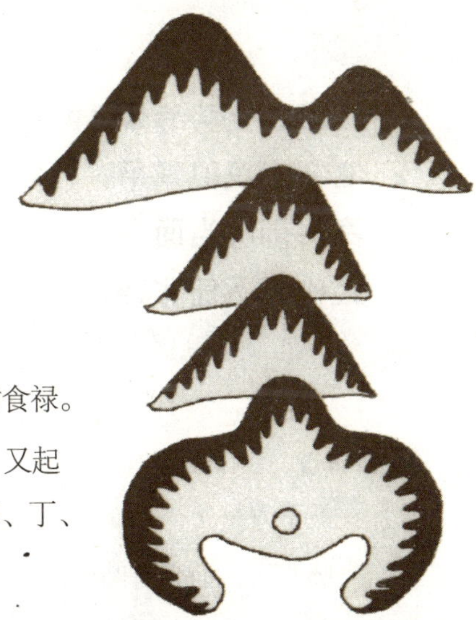

跪炉虎榜起冈峰，
秀丽嵯峨气象雄。
若有明师能下得，
术人僧道守财隆。

宜作乙、辛、丁、癸向，出僧道人，衣禄财食禄。

【简释】 跪炉势，外山为不规矩的枕形，又起双峰，直推向前山，穴在前山凹中扦。朝乙、辛、丁、癸等向。主后世出僧人道士，但可保衣食丰足。

图谱75：独步丹墀龙（二）

此龙通判之职，
断出官，
能通仙术。

【简释】

远山大致平整，而一角突出，耸入云天，其余并没有异常之态。此格出一般州官，但能通神仙之术。

图谱76：牙笏龙

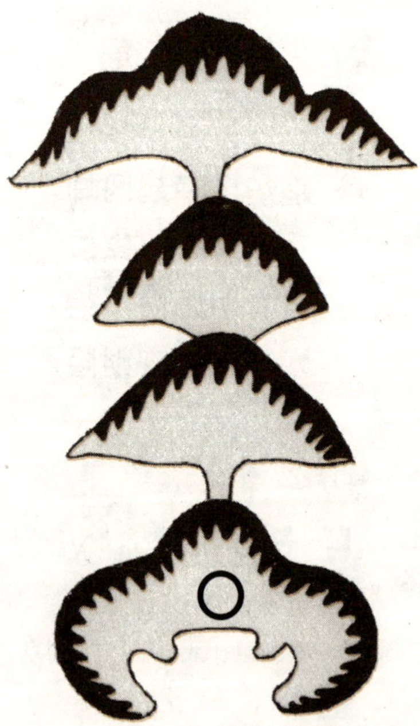

三峰峙立势峥嵘，
立穴安坟似掌平。
案对御屏当面立，
经伦天下任非轻。

【简释】

穴扦在最下方蟹钳内，明堂开阔，穴后数重山峦气脉联贯，而且有凸有凹，三峰直立。主后世出经邦治国的大人物。

图书在版编目（C I P）数据

慧缘大师教你学风水. 下卷, 教你自己做大师 / 慧缘著. -- 南昌 : 江西人民出版社, 2010.5

ISBN 978-7-210-04452-9

Ⅰ. ①慧… Ⅱ. ①慧… Ⅲ. ①风水－基本知识－中国
Ⅳ. ①B992.4

中国版本图书馆CIP数据核字(2010)第062037号

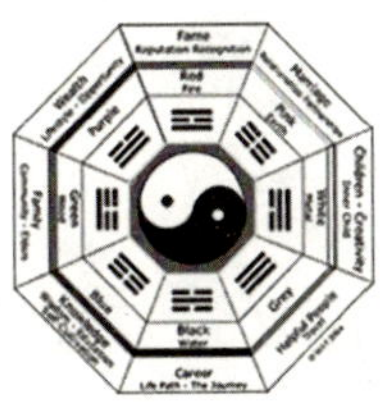

慧缘大师风水系列 02

慧缘大师教你学风水. 下卷, 教你自己做大师

慧缘/著

责任编辑/王华

出版发行/江西人民出版社

印刷/ 北京嘉业印刷厂

版次/2010年7月第1版

2013 年 5 月第 2 次印刷

开本/700毫米×1000毫米 1/16 17.75印张

字数/200千

书号/ISBN 978-7-210-04452-9

定价/34.80元
